ITALICI

ILIAS LATINA

EDIDIT, PRAEFATUS EST,
APPARATU CRITICO ET INDICE LOCUPLETE
INSTRUXIT

FRIDERICUS PLESSIS

PARIS
LIBRAIRIE HACHETTE ET Cie
79, BOULEVARD SAINT-GERMAIN, 79

1885

PATRIS CARISSIMI

PIIS MANIBUS

SACRUM

DE ITALICI

ILIADE LATINA

PROOEMIUM

Quid in hoc libello spectaverim, paucis verbis monebo.
Exstat Ilias hexametris latinis contracta, cui falsus saepe inscribitur titulus *Homerus latinus* vel *Pindarus Thebanus*, medio quod dicitur aevo in scholis praelecta, nunc etiam haud raro a viris doctis laudata, sive rei metricae ergo, sive quoniam inter tot Homeri translationes latinas haec una invidiam temporis integra evicit.

Id quidem ex ἀκροστιχίοις duobus, quibus Epitoma initium et finem capit, certe conficitur poetam nomine Italicum fuisse. Nec minus constat e re metrica et grammatica, nec non e versibus 899-902, 236, 483, carmen primo post Christum natum saeculo, Nerone nondum mortuo, conscriptum esse. Quae vero cum non ita dudum proposita sint, neque ex omni parte feliciter adhuc tractata, de iis haud alienum duxi ita rursus inquirere ut quod rectum esse videbatur, recta quoque via aperiatur et spem cludat confutationis, sintque in promptu varia opinionum commenta ac rationes quibus adducti viri doctissimi tantos in errores olim inciderint.

Italicum nostrum, qui non idem, mea sententia, ac Silius Punicorum scriptor, sed grammaticus fuit non alioqui notus, ingenii dotibus sane parum valuisse, neque tamen omni judicii elegantia orbatum esse cum plerisque consentio. Ut melius intellegas quem inter Romanos qui carmina Homerica latine reddiderint locum ille obtinuerit, in secundae partis priore capite quid antea in ea re temptatum sit, breviter commemorandum esse ac judicandum existimavi. In ipso autem Italici libro nos diutius commorari decebat : de finibus carminis, de Vergiliana Ovidianaque imitatione, de erroribus et vitiis, de ratione quam noster contrahendo secutus sit, de consilio quod sibi proposuerit, invenies et quae ab aliis jam instituta sunt et quae ipse, Italici familiaritate usus, repperi. Cum autem Iliadem latinam ad usum scholarum conditam esse fere omnes et omnia fateantur, equidem quid a nobis, aequum ferentibus judicium, exspectari debeat, recte definire conatus sum : scilicet opus Italici qualecumque prorsus contemnendum esse nego, quia perpetua orationis et metri sinceritate, passim venustate quadam et munditiis enitet, neque ea in ludis parvi pretii habenda sunt.

Ceterum, si carmen revolves, tu, lector doctissime, quid sentiendum sit videbis; judicii haec sunt tui potius quam mei. Itaque, postquam in tertia parte de libris aut manu scriptis aut impressis et de falsa quae est Pindarus inscriptione disserui, textum tibi dedi, diligentissime prout res ferebat emendatum. Integram tredecim codicum varietatem, excerptas e tribus aliis ineditas lectiones, plenioris messis non data facultate, sedulo notavi. In locis aperte corruptis quaedam meo Marte scribere ausus sum. Denique indicem adjeci locupletem qui totam carminis materiam cogit quoque perlustrato quibus in rebus ab Homero Italicus recessit statim deprehendere potes.

Antequam rem aggrediar, non possum quin meritas gratias agam viris doctis qui mihi varia auxilia et benevolentiae quasi stimulos adhibuerunt : clarissimo professori E. Benoist, qui parandi hujus libelli auctor mihi suasorque exstitit et cujus disciplina me fruitum esse glorior; Ludovico Havet, cujus ingenium et diligentia quantum et quam egregie me juverint e multis cum disputationis tum apparatus critici locis ita constat ut, opellam meam si quid novi commendet, illi imprimis tribuendum sit; Paulo Thomas Gandavensi et Ludovico Duvau qui, cum maximis occupationibus essent implicati, sibi tamen eam provinciam amicissime susceperunt ut mihi subsidiorum criticorum copiam facerent. Itaque illos omnes multum mihi profuisse pio ac laeto animo profiteor.

PARS PRIMA

CAPUT I

QUO NOMINE NOSTER FUERIT

Παραστιχίδας duas, ex quibus, codicum lectione paululum immutata, *Italicus* nomen et verbum *scripsit* elucerent, alteram in carminis nostri initio (v. 1-8), alteram in fine (v. 1063-1070) Franciscus Buecheler princeps animadvertit. Aemilius Baehrens secutus est qui, cum anno 1881 carmen ederet, nomen Italici, veterum recentiorumque ausus deserere vestigia, libello inscribere non dubitavit.

Quid sit de nomine, vir doctus optime judicavit; qua ratione παραστιχίδες ambae efficiantur, minus recte. Scilicet a me impetrare nullo pacto potui ut, Baehrensio duce, *Ut primum* v. 7 reciperem, verbaque *Ex quo*, quae, libris manu scriptis tradita, incipiente versu legimus, e textu eicerem; nimis repugnat versus 6 Homericae Iliadis :

ἐξ οὗ δὴ τὰ πρῶτα διαστήτην ἐρίσαντε.

At mihi laboranti et jam in incerto (perperam, ut mox videbis) habenti Italicumne illum, fortasse nil nisi nomen et umbram, sequi pergerem an aliam viam meditarer, succurrit acutissimum Haveti ingenium. Cum enim versum 7, ab Ermenrico in epistula ad Grimoldum quem ad modum laudatur, verbum *Protulerunt* incipit, Lud. Havet glossam huc latere statim deprehendit vocemque censuit in duas distinguendam esse, *pro* videlicet et *tulerunt :* quae, ad verbum quoddam, re unum sonans, sed insolitum minusve frequentatum aut saltem quod tale librario semidocto videretur, explanandum in veteris exemplaris margine adscritae, inde in textum pro genuina lectione irruperint. Quidnam autem evanuerit dum Lud. Havet quaerit, aliud una vitium in fine versus reperit, id quod est *pugnas*, vulgo traditum, nihil nisi commentum esse veramque e voce *turmas*, apud eundem Ermenricum reperta, lectionem pendere. Sic *Volverunt — turbas* feliciter vir doctissimus conjecit, ut verius dicam reposuit. Unde fit ITALICVS.

Neque minus in altero ἀκροστιχίῳ restituendo, quo carmen clauditur, Haveti sollertia profuit. Difficultatem movebat versus 1065 : quem in codicibus ab littera Q incipientem, cum propter παραστιχίδα R desideretur, mendo laborare haud imprudenter pro certo habebis. Cave autem, voce *remis* a fine usque in initium trajecta, Baehrensii remedio assentiaris. Ubi ego primum, nisus lectione codicis Santeniani *Vltima*, dum poetae mecum reputabam properantem cursum, *Raptim* conjeceram, Lud Havet aequo Jove scribendum *Raris* satius duxit. Tenemus nunc verbum SCRIPSIT.

Postquam Lud. Havet versus 7 et 1065 tam enucleate emendaverit, carmen nostrum ab Italico quodam conditum esse nemo, opinor, nisi inexspectatis iisque tutissimis fretus subsidiis, possit infitiari. Itaque ne Hertzio quidem morem geremus qui in versu septimo incipiente voces *Er quo* retinet nonumque ita deformat ut, verbis *Quis deus hos* verbo *ira* praeposito, littera I prima constet, unde *Italice Sili* παραστιχίς expromatur opusque Silio Italico dicatum, non ab Italico scriptum habeas. Sed obstat, ut alia mittam, παραστιχίς posterior *scripsit*, quae casum nominativum in priore requirit, non vocativum.

CAPUT II

QUO TEMPORE EPITOMAM SCRIPSERIT

Quod si de tempore nunc anquiramus quo Iliadem suam noster confecerit, jam primum minime probandum est quod e versiculis quibusdam codici Santeniano subjectis eruere contendit Henricus Weytingh [1]. Hi versus sunt :

> Pindarus hunc secum trans pontum uexit Homerum,
> Sed argumentum dedit esse poeta latinum

Quae male latina ac vere claudicantia cum Weytingh notavisset iisdemque auctoritatem et significationem majorem aequo tribuisset, Josephi Iscani, monachi Angli qui saeculo undecimo vel duodecimo Exoniae florebat librosque de bello Trojano sex composuerat, nostrum, Pindarum nomine, « si non aequalem at gentilem fuisse » vir doctus, haud hercle divinitus, excogitavit. Contra Pindarum nomen, cujus de origine vide infra p. III, c. 2, quando quidem nostrum appellandum esse Italicum extra omnem dubitationis aleam posuimus, niti supervacaneum est : liceat nobis de aetate cui Weytingh carmen assignavit pauca disserere.

---

[1]. INCERTI AUCTORIS (VULGO PINDARI THEBANI) EPITOME ILIADIS HOMERICAE, e recensione et cum notis Theodori van Kooten, edidit, praefatus est suasque animadversiones adjecit Henricus Weytingh Lugduni Batavorum et Amstelaedami, 1809; in praefatione, p. XII.

Miror hominem non illitteratum tali ratiuncula opus in quo nihil inest quod ab antiquitate alienum arguat poetam, ab antiquitate abjudicare voluisse, omninoque huc assentior Luciano Mueller[1], versiculos illos censenti fluctibus potius qui Dyrrachio separant Brundusium allusisse quam mari quod inter Dubras et Caletum spumescit. Ut omittam alia quibus refellitur Weytingh, Homeri carmina medio quod vocatur aevo cognita esse vir doctus inepte sane putabat. Adde huc in epistula, circa annum 850 scripta, versum septimum carminis nostri ab Ermenrico Ellwangemensi laudatum esse.

Ceterum, cum Weytingh ea quae conjecit non quasi ex tripode adferat, sed paucis verbis et modestissime, neque ab ullo postea, quod sciam, probatus sit, illum diutius impugnare non mihi in animo est.

Neque majorem vim habet, quamvis non admodum absurdum videatur, id quod semel atque iterum, nunc Pentadii nomine, nunc Avieni projecto, J. Christianus Wernsdorf demonstrare conatus est, Iliadis Epitomam latinam quarto post Chr. natum incunti saeculo vel tertio exeunti adscribendam esse[2]. Quam falsa ac perversa sit haec sententia, e re metrica satis constat, neque fefellit Lucianum Mueller, hominem lynceis in arte metrica oculis praeditum, cui multum debent latini fere omnes poetae, noster, ut infra videbimus, plurimum.

Itaque, ut de elisione primum quaeramus, haec notanda sunt.

Cum quisque poetarum maxime providerit ne vel in gravi syllaba iambica vox elidatur, invenimus Italicum hanc normam fideliter servasse, Avienum contra sexies in carmine, quod *Descriptio orbis terrae* vel *Periegesis* inscri-

---

[1] *Ueber den Auszug aus der Ilias den sogenannten Pindarus Thebanus*, von LUCIAN MUELLER, Berlin, 1857, in praefatione, p. VII.

[2] WERNSDORF, *Poet. lat. min.*, t. IV, pars 2, p. 549 sqq ; t. III, p. 260 sqq.

bitur, neglexisse. Dimitte, si placet, versus 394, 693, 1232, in quibus excusationem habent iambica quae in pyrrichia omni tempore convertere licuit; dimitte versum 1389, in quo apocope potius quam synaloephe (*manust*) exoriri videtur : restant utique versus 550 (*humo et*) et 1380 (*jugi exstantis*)

Vide nunc in *Ora maritima* : 3, *capi ut valeret;* 20, *tuo esse;* 465, *diu incolis;* 625, *stili immorantis.*

Sed etiam creticum in brevi elisum, a quo synaloephes genere Avienum videmus non abstinuisse, ut apud optimum quemque poetam in hexametris dactylicis [1], ita apud nostrum nusquam reperitur. Immo erravit Lucianus Mueller [2] cum diceret Avienum creticorum elisione pede primo et quinto semel vel bis tantum usum esse : quater enim in Periegesi creticam vocem *insulae* poeta elidere non veritus est (v. 624, 712, 734, 803).

Dein, in fine hexametri, Italicus polysyllabam vocem, et graecum quidem propriumque nomen (750, *Iphidamanta*) semel tantum collocavit; monosyllabam haud encliticam, praecedente plus quam monosyllaba, nullam admisit. Quod longe secus est apud Avienum. Vide in Periegesi : 4, *omne animantum;* 9, *Oceanumque;* 19, *insinuat vis;* 90, *porrigiturque;* 104, *principiumque;* 311, *Italidum vi;* 318, *erigiturque*, 391, *tellure agitantes*, 723, *sedes animarum;* 863, *pubem populorum;* 1255, *degunt regionum.* Mitto versum 574 quia in graecum nomen cadit : *degunt Erymanthum.*

Jam, ut ad alia transeamus, cum in vocabulis in *o* exeuntibus, iambicis quibusdam cum nonnullis creticis ac paucissimis aliis exceptis, poetae Augusto aequales ultimam syllabam non corripiant idque pariter ab Italici consuetudine sit alienum, Avienus contra Pentadiusque, more

---

[1]. Praeter Horatium, in Satiris.
[2]. *De re metrica*, p 286.

aetatis qua vixerunt, ab hac correptione non satis abhorrent. Invenies enim apud Avienum in Periegesi : 263, *ergo volum*; 299, *ergo modi*; 358, *ergo tibi*; 954, *virgo locans*. Neque praetermittamus quae, quamvis sint iambica, parum placent, 176, *draco*; 1047, *dato*. Adde illud Pentadii notum *Sentio, fugit hiems*.

Praeterea, Avieni saeculo aut circa, qua tempestate litterae latinae jandiu ad occasum vergebant, in nominibus graecis syllabas breves producere, longas corripere interdum licentius ausi sunt poetae [1]. Quod vitium non vitaverunt, cum Avieno, Ausonius, Prudentius, Sidonius Apollinaris, alii. Nihil autem simile in Iliadis Epitoma nostra occurrit; nullus error offendit. At vide apud Avienum, in Periegesi : 129, *Pachyni*; 569, *Triphylis*; 635, *Pachynus*; 662, 663, *Corcyra* (ter in duobus his versibus falsa quantitate nomen usurpavit poeta); 693, *Abydus*. Adde haec in Ora maritima : 43, *Hellanicus*; 421, *Libyphoenices*. Quibus in nominibus cunctis correpta adhibetur paenultima: in his autem, producta : in Periegesi, 679, *Salamis*; 1013 (fortasse quidem locus a librariis corruptus est) *Cragus*.

Wernsdorf igitur id quod cavendum erat non cavisse satis perspicue videtur : perscrutari videlicet omnia Italici circa artem metricam placita non necesse erat; verum enim vero, si tantummodo quaestionem vir doctus leviter attigisset, se nimio indulsisse ingenio statim vidisset, nec quarto saeculo carmen tribuisset. Itaque, Wernsdorfiana sententia rejecta, aliam rationem quaeramus.

Quod si apud Italicum atque apud elegantissimum quemque primi post Chr. n. saeculi eadem reperitur artis me-

---

1. Cf. LUCIAN. MUELLER, *De re metrica*, p 356 sq — Vide etiam, in Ausonii editione, quam nuper Monumentis Germaniae historicis CAROLUS SCHENKL inseruit, indicem grammaticae elocutionis et rei metricae, ubi invenies Darios, Stymphalidas, Sicaniae, Citheron, Clytemestra (*sic*), Peliaden, Phidiae, Syracusi, Acyndinos, Diogenes, Dryadia, falsa quantitate notata. — Nec non apud Prudentium reperiuntur, corrupta quantitate, Chelidoni, Asclepiades, Socratem, Euripidis, etc.

tricae sinceritas, reliquum est ut inquiramus an forte quicquam ab illius aetatis sermone insuetum in carmine nostro Iliaco displiceat. Si nihil ejus modi incidit, quid obstat quominus primo saeculo Epitomam assignemus? Principe Lachmanno [1] istam viam monstrante, feliciter progressus est Lucianus Mueller [2]; quorum auctoritatem nuperrime etiam sua auctoritate communivit Aemilius Baehrens [3].

Equidem, postquam pro viribus diligenter indagavi quas voces noster adhibuerit, quem in ordinem redegerit, quibus modis conjunxerit, illis doctissimis viris non vereor assentiri. Verbum quidem *rimare*, quod redoleat vetus quoddam atque ab optima latini sermonis aetate insuetum, Bernhardyio [4] suspicionis aliquid movisse videtur. Sic enim versum 456 legimus :

> Undique rimabant inimico corpora ferro.

Cum autem verbum deponens *rimari* Vergilius, Ovidius, alii postea usurparent, figura quae est *rimare* apud antiquiores obtinet. Vide haec Pacuvii, v. 71, p. 85, O. Ribb., ed. alt., ap Non., 382, 7 :

> Cum incultos pervestigans rimarem sinus

v. 203, p. 101, O. Ribb , ap. Non., 382, 8 :

> Aut stagnorum umidorum rimarem loca

Adde incerti tragici poetae hunc versum, quem codex Festi ut sequitur exhibet (O. Ribb., v. 83, p. 246) :

> Et ego ibo ut latebras ruspans rimeram aptimas,

---

1 *Klein Schrift.*, II, 161
2. *Ueber den Ausz der Ilias*, in praefatione
3. BAEHRENS, *Poet lat. min*, t. III, praefat., p. 3 — Cf MAURICII HAUPTII *Opuscula*, t II, p 163
4. *Grundriss der roem liter.*, editio quinta, p 523 (§ 84, n 394).

ubi *rimer maritimus*, Scaligero auctore, a Ribbeckio receptum est; Lucianus autem Mueller *rimer optimas* vel *rimem aptissimas*, nescio an melius, conjecit.

Exinde verbum *rimare* quod ceteroquin inter latina Priscianus recensebat[1], apud quosdam saeculi quarti et quinti scriptores rursus exstat, cum jam deterior esset litterarum romanarum condicio : nam Julius Valerius *rimabam* scripsit, nec non Sidonius Apollinaris in septimi libri epistula secunda[2] *rimatis* participio ita usus est ut passive id accipiendum sit.

At vero, si Lachmannum audire volumus[3], poeta melioris aetatis unus quidem invenitur qui formae ejusdem subministret exemplum : scilicet apud Phaedrum in III, 10, 49, neque cum Dresslero *limasset* scribendum, neque Bentlejo auctore *rimatus*, sed *rimasset* potissimum doctissimus vir contendit. Lachmannum, inquies, mihi praebes, non Phaedrum. Non ego infitior : etsi Lachmannum feliciter hoc emendavisse cum Luciano Mueller pace tua arbitror. Phaedri tamen auctoritatem, quippe in re incertam, si placet, reice : non inde prorsus sequitur ut a primo post Chr. n. saeculo Iliadis Epitomam nos abjudicare liceat. Non tanti est verbum unicum quo praeterea, ut supra vidimus, usi sunt quondam scriptores haud ignobiles. Quid? cum Homeri carmina a primis rei publicae temporibus legerentur, tractarentur, latine redderentur, cur non versum, ab aliquo vetere poeta Iliadis interprete conscriptum, Italicus, si non ex toto, saltem ex parte in usum suum hoc loco convertisset? Equidem eo vehementius suspicor Italicum huc ab antiquiore interprete verbum *rimabant* adscivisse quod, lingua latina jam tum a pristino nitore paulum recedente, prisca verbi *rimare* species, ab aurea aetate, ut videtur,

---

1. PRISCIANUS, Hertz, vol. I, p. 396, 20.
2. Haec epistula septima est libri secundi in Eugenii Baret editione, Parisiis, 1879.
3. *In Lucretium commentarius*, III, 11.

aliena, posteriores vero apud scriptores mox reditura, forsitan in loquendi consuetudinem coepisset reverti, neque propterea nostrum satis offendisset.

Itaque perlustranti carmen nostrum Homericum nullae mihi ab aetate quam diximus illud abjudicandi causae graves seriaeque apparent. Praeterea, quando quidem non solum Vergilii Ovidiique circa elocutionem et artem metricam vestigiis Italicus ingreditur, sed etiam eorundem multa, praesertim ab Aeneidis ac Metamorphoseon libris, mutuatur, non antequam praeclara illa opera jandudum in volgus elata sunt, opus suum condere potuit. Neque vero post Neronis mortem, ratione ex ipso carmine petita, si versus 899-902 respicies, conscriptam Epitomam judicabis. De Aenea, non viribus aequis Achilli occurrente, res agitur; sic pergit poeta :

> Quem nisi servasset magnarum rector aquarum
> Ut profugus latiis Trojam repararet in arvis
> Augustumque genus claris submitteret astris,
> Non pulcrae gentis nobis mansisset origo [1].

Cf. cum v. 236 :

> Et sacer Aeneas, Veneris certissima proles.

Denique, cum v. 483 :

> Emicat interea Veneris pulcherrima proles.

Quae dum domus Aeneae, id est Caesaris, imperium tenebat, qua ratione, quo consilio Italicus scripserit, facil-

---

[1]. Locus valde corruptus in libris manu scriptis. Equidem, in secundo versu, pro *laetis* cum Wernsdorfio recepi *latiis*, egregiam emendationem quam, viro docto ignoto debitam, praestitit Petrus Bondam (VAR LECT., p 173-174) In tertio, Wernsdorf lectioni codicum *claris*, quam retinuimus, fortasse haud perperam, *caeli* substituere ausus est In quarto, *claiae*, non *pulcrae* quod ego conjeci, codices habent, *carae*, Kootenio duce, assumpsit Baehrens; nescio an *Italae*, e Weytinghii sententia, praeferendum sit; verum enim vero aut *claris* aut *clarae* tollendum esse minime dubito.

lime cuique intellegitur : agnoscis originem illam gentis Juliae, a Vergilio, Horatio, Propertio, Ovidio decantatam, stirpem ex diis ortam quam jactabant Augustus nepotesque. Vix autem potuit fieri ut, domo Julia cum Nerone exstincta, fabulam nullius jam momenti, immo principi ex alia atque illa quae laudabatur gente edito minime jucundam, noster diligentius memoraret.

Quae omnia si recte perspecta sunt, in illis post Chr. n. annis qui ante duodeseptuagesimum fuerunt Epitomam Iliadis latinam collocari recta jubet rerum aestimatio. Equidem, dum totius carminis habitum intueor, aut fortasse ante Tiberium mortuum, ut Lachmannus censet, aut certe priore dimidiati saeculi parte nondum exacta, illud conditum fuisse vehementer suspicor, ac Phaedro potius quam Lucano Italicum aequalem vixisse.

CAPUT III

NUM SILIUS ITALICUS?

Nunc autem Buechelero [1] et Munkio [2] jam obviam eundum est, qui carmen C. Silio Italico non sine aliqua veritatis specie vindicaverunt. Cum enim Punicorum scriptor, anno post Christum natum quinto et vicesimo natus, uno et centesimo supremum diem, ut notum est, obierit, temporum rationem iis quae supra, si bene disputatum est, introduximus, satis liquet non repugnare. Nam Silium Italicum nullo modo ante obitum Neronis versus composuisse Aemilius Baehrens non mihi prorsus persuasit. Quod ex notissimo illo Martialis epigrammate (VII, 63) vir doctus collegit :

> Perpetui numquam moritura volumina Sili
>   Qui legis et latia carmina digna toga,
> Pierios tantum vati placuisse recessus
>   Credis et Aoniae bacchica serta comae?
> Sacra cothurnati non attigit ante Maronis
>   Implevit magni quam Ciceronis opus.

Ex quo, si verum fateri volumus, efficitur et cogitur Silium jam magnam aevi partem in forensibus causis trans-

---

1. *Rheinisches Museum*, t. XXXV, p. 391.
2. Munk und Seyffert, *Gesch. der roem. Liter.*, Berlin, 1875, t. II, p. 242.

egisse antequam carminibus pangendis operam navam dare
inciperet, neque inter illos, qui se ante omnia poetas esse
ac Vergilii non tantum adorare sed premere etiam vestigia
profitebantur, fama positum esse. Sed quem ad modum
concedimus quod concedendum est, ita valde negamus veri
simile esse illum ne annis quidem juvenilibus, tirocinii
causa, ullos scriptitasse versiculos : praesertim cum eodem
tempore neminem Romanorum, qui laudem ingenii doctri-
naeque expeteret, ab hoc usu abstinuisse cunctis notum sit.
Praeterea, si perspicies quid Silio circa rem metricam atque
elocutionem placeat, non multum ab eo nostrum abesse
reperies; neque discrepantiis quibusdam, paucis quidem
ac levibus, sat probatur, quoniam multi inter poetas, quos
enumerare nil attinet, temporum condicione, etiam per
unius poematis libros, a se ipsi videntur dissentire.

At vero, quamvis de Silio hic cogitavisse haud omnino
ineptum sit, tamen nihil neque in carmine, neque externis in
rebus inesse video quod huic suspicioni quicquam addat
veri similitudinis. Immo, si Epitoma Iliadis in Silii operibus
reponenda sit, jure mireris quod nullum apud veteres
hujusce rei testimonium reperimus. Deinceps, Italicum
« nobilem Romanum et beatum hominem fuisse, qui carmen illud animi otiique oblectandi causa in secessu ruris
sui composuerit », quod Wernsdorfio, de Avieno cogitanti,
placuit quodque apte in Silium quoque quadraret, minime
equidem censeo. Quam sententiam ut amplectar tantum
abest ut Italicus ille, qui carmen Homericum contraxit, ludi
quidam magister, fortasse humilis et pauper, mihi fuisse
videatur (cf. p. II, c. 2). Silium igitur missum faciamus [1].

[1]. Hoc libro jam fere absoluto, in meas manus venit professoris DOENING disputatio, Argentorati a. 1884 edita, cui titulus est *Ueber den Homerus latinus* Punicorum scriptori Iliadem latinam adscribendam esse vir doctus contendit, multa ille doctrina et ingenio, argumentis autem infirmis, ut mihi videtur, usus. Postquam alios ac Silium Italicos exstitisse confessus est, ad Silium statim recurrit. Sed quam rem gravissimam adfert, rei metricae et orationis quandam

Ceterum, cum nullum de nostro indicium per invidiam temporis innotuerit, cavendum est ne nos inutilia fingamus neve obliviscamur quae nuper in Naevianis Lucianus Mueller bene recantabat : Est etiam quaedam virtus nesciendi.

similitudinem, ne illam quidem satis valere arbitror, cum poetis romanis numquam religio fuerit quominus aliena verba, immo alienos versus, si non integros, saltem bona ex parte repetitos, sibi sumerent. Ceterum plura inania Doering excitavit; quid refert, quaeso, Epitomae scriptorem his verbis uti : « Vulgus ruit undique », Silium illis : « ruit undique vulgus »? Epit. script. : « Gentibus Argolicis », Silium : « Argolicis populis » ? Epit. script. : « petunt . jocunda . dona quietis », Silium · « haurire sinebant Dona soporiferae noctis »? (vide Doer., op. cit., p. 39 sqq.).

PARS II

CAPUT I

DE ILLIS QUI APUD ROMANOS USQUE AD NOSTRUM HOMERI CARMINA LATINE REDDIDERUNT

Jam nunc videndum sit quae apud Romanos usque ad Italicum studia Homerica viguerint ut quid Epitoma valeat rectius aestimemus. Cum autem duo doctissimi viri, Car. Phil. Euler[1], Herm. Walther[2] in libellis perutilis doctrinae plenis fere omnia ad rem pertinentia luculenter jam disputaverint, brevius eodem munere nos defungi licet remque amplissimam adumbraturos tantum incedere. Neglegemus poetas qui ex Homerico fonte sententiarum quantamvis partem petierunt versusque Homeri, vel subtilius redditos, in rem suam passim converterunt; qui cum paene innumeri sint (omnes fere, ut ita dicam, comicis exceptis), tam immensum spatiis aequor conficere non nobis in animo est. Sed in eos scriptores, quicumque opus Homeri latine interpretatus est, sive totum carmen, aut integrum ut Odysseam Andronicus, aut contractum ut

---

[1] *De antiquiorum Romanorum studiis Homericis*, Berolini, 1854.
[2] *De scriptorum Romanorum usque ad Vergilium studiis Homericis*, Vratislaviae, 1867.

Iliadem noster, sive singulos versus sicut M. Tullium notum est fecisse, reddidit, accuratius nos indagaturi sumus, neque omnia quae Walthero, Eulero, Wernsdorfio, aliis in hac re placuerunt, ea rectissima esse semper judicabimus.

Primus serie temporis enumeratur Livius Andronicus qui, semi Graecus a Suetonio appellatus [1], re vera Graecus et gente fuit et ingenio videtur fuisse. Odysseam versu Saturnio integram reddidit perque longam aetatem a pueris romanis legebatur, teste Horatio Epistul. II, 1, 69. Livianae Odysseae fragmenta exstant pauca et mutila : qui liber quod injuria temporis fere ex toto periit, id nescio tamne luctuosum nobis existimandum sit quam Clavelio videtur [2]; molestum tamen; etenim, quamvis viro doctissimo non totus assentiar qui laudibus, hercle, amplissimis Andronicum extulit, haud tamen recte judicare opinor rigidos illos censores qui e frustulis, apud grammaticos propter aliquod glossema relatis, Livianum proposito laudabile opus non dubitant condemnare [3]. Quam autem malivolam de Andronico sententiam tulerit Flaccus, cum in illum, in versibus epistulae supra laudatae, mansuetis verbis ironia vel urbanitate usus sit, parum in re curo, eadem adductus ratione ac Victorius Clavel, cujus verba liceat hic proferre : « Saepe fit ut opinionem verbis augeant hominum litteratorum factiones; et Flaccus ipse, vir acutissimi judicii, non sine studio esse videtur in illo certamine inter vetustiores recentioresque disputato [4]. » Gravior quidem judex incedit M. Tullius, romanis veteribus poetis magis, ut notum est, delectatus quam in quem alienae erga Andro-

---

[1] SUETON., *De grammaticis*, 1.
[2] VICTORIUS CLAVEL, *De M. T. Cicerone Graecorum interprete*. Parisiis, 1868, p. 8 sq.
[3] Livianam interpretationem gravibus vitiis laborare haud ego infitior; Andronicus in aliquot locis Homeri verba ne intellexisse quidem monuit Mommsen (*Hist. rom.*, ab. Alex transl., t. IV, p. 193, not.)
[4] VICTORIUS CLAVEL, *op. citat.*, p. 8, not. 3.

nicum mentis suspicio obiciatur; sic autem ille locutus est in Bruto, XVIII, 71 : « Odyssia latina est sic tamquam opus aliquod Daedali, et Livianae fabulae non satis dignae quae iterum legantur. » Attamen perlegenti fragmenta Odysseae latinae mihi ortum est nescio quid dissimilis opinionis; inveni quaedam diligenter ad verbum expressa, quaedam, licet subtilia minus, Homeri ingenuitate haud nimis indigna [1] :

Hom., Odyss., I, 1 :

> Virum mihi, Camena, insece versutum
> Ἄνδρα μοι ἔννεπε, Μοῦσα, πολύτροπον.

Hom., Odyss , VI, 142 :

> Utrum genua amplectens virginem oraret
> Ἢ γούνων λίσσοιτο λαβὼν εὐώπιδα κούρην.

Hom., Odyss., XXII, 82 :

> At celer hasta perrumpit pectora ferro [2]
> Ἰὸν ἀποπροιεὶς βάλλε στῆθος παρὰ μαζὸν
> ἐν δέ οἱ ἥπατι πῆξε θοὸν βέλος.

Adice nunc Livium Saturnio usum esse, et quid ad hexametrum reddendum versus ille habeat incommodi reputa; adice linguae latinae asperitatem nondum emollitam fuisse; longum autem opus, novum, periculosum; atque, his omnibus perpensis, non tam in poetae infirmitatem quam in infantiam poeticae orationis, quae illi aetati propria erat, censebis culpam reiciendam esse.

In singulis quidem Livium Andronicum ab Homero non recessisse jam Hermannus Walther monuit. Ceterum quod

---

1. Textum profero quem rationibus metricis in libro *de Saturnio latinorum versu*, Parisiis, 1880, doctissime restituit Ludovicus Havet.
2. Vulgo traditur : *At celer hasta volans perrumpit pectora ferro*, qui fit hexameter dactylicus; non recte; locum sanavit Lud. Havet.

Niebuhrius temere asseverat, Livium Odysseam non ex toto
in latinum sermonem vertisse, sed tantum contraxisse, nulla
est causa cur tam infirma sententia haereamus; cf. apud
Walth., p. 6 et 7. At Herm. Walther ipse erravit, cum e
tribus fragmentis quibus Niebuhrius nisus vix in Odyssea
quicquam tale sonans reperiri contendit, ille non viderit
unum plane removendum esse; scilicet his Livianis *Nexabant multa inter se flexu nodum dubio* in Odyssea
libri VIII versus 264 satis respondet. Quod jam notaverat
vir clarissimus Aemilius Egger [1].

Nunc, opinor, appellandus est Cn. Matius quem Caesari
aequalem Scaliger frustra contendit, antea autem floruisse
Walther evicit; etenim in versibus qui exstant formae
inveniuntur quas jam Varro obsoletas adnotavit [2]. Iliadem
Matius heroico versu latine reddidit. Quanti aestimanda
sit interpretatio non facile dixerimus; Gellius Matium doctum virum [3], virum eruditum [4] praedicat, nec displicent
hexametri qui supersunt; haud tamen mihi tantum sumo
ut laudibus eos extollam; ipse judicabis. Vide jam primum
apud Varronem, de Ling. lat., VII, 96 :

Obsceni interpres funestique ominis auctor,

quibus verbis vix dubitat Walther quin Matius reddiderit
Iliad. I, 106 :

Μάντι κακῶν, οὐ πώποτέ μοι τὸ κρήγυον εἶπες.

Ad XI, 4, Scaliger referebat; C. O. Mueller de I, 62 haud

---

1. AEM EGGER, *Latini sermonis vetustioris reliquiae selectae*, p. 119. — Ad
Odyss. VIII, 480 Livianum versum Ludovicus Havet refert; vide *de Saturnio*, p. 428.
2. Cf. WALTHER, *op. cital*, p. 42.
3. A. GELL., *Noct. att.*, VII (VI), 6, 5.
4. A. GELL., *Noct. att*, XV, 25, 1.

feliciter cogitavit; neque rectius Euler de V, 742, vel XVII, 547.

Etiam apud Varronem, VII, 95 :

> Corpora Grajorum maerebat mandier igni.

Quem versum Scaliger ad VII, 428 refert; mire, cum hoc loco de Priamo Trojanisque agatur. Satius cum I, 56 collatus est :

> Κήδετο γὰρ Δαναῶν, ὅτι ῥα θνήσκοντας ὁρᾶτο.

Reperimus nunc apud Gellium, Noct. att., VII (VI), 6, 5, hunc Matii versum :

> Dum dat vincendi praepes Victoria palmam.

Gellius dicit : « in secundo Iliadis »; sed in hoc libro cum nil tale reperiatur, Scaliger cum Iliad. VII, 291-292 comparat, Walther cum XVI, 87. Neuter probandus est. Equidem arbitror non Gellium erravisse, sed Matium hic, et aliis locis ab Homero recessisse.

Etiam apud Gellium, Noct. att., IX, 14, 14-15 : « Cn. Matius in Iliadis XXI :

> Altera pars acu vitassent fluminis undas.

« Idem Matius in XIII :

> An manet specii simulacrum in morte silentum. »

Prior ad Iliad. XXI, 1 sqq. veri similiter spectat; alter, si XXIII pro XIII legimus, fortasse ad XXIII, 104-105 : incertum est.

Diomedes, I, 345 K : « Cn. Matius in XX Iliadis :

> Ille hietans herbam moribundus detinet ore. »

Scaliger hoc ad Iliad. XXII, 403 respicere docet; sed Walther hoc Homericum illud ἐὸν ἐλεῖν οὖδας expressum esse suspicatur.

Priscianus, VII, p. 334 Htz : « Cn. Matius in Iliade :

celerissimus advolat Hector, »

quae verba referemus cum Walthero ad Iliad. VII 1 : ἐξέσσυτο φαίδιμος Ἔκτωρ, potius quam cum Scaligero ad XII, 462. ὁ δ'ἂρ ἔσθορε φαίδιμος Ἔκτωρ.

Denique vide apud Charisium, l. I, 117 K, ubi Cn. Matius, Iliad. XV, *acrum* pro *acrem* dixisse traditur.

Jam, si liceat nobis aliquid de his omnibus concludere, Iliadem integram a Cn. Matio hexametris non sine quodam nitore censebimus neque verbo ad verbum, sed potius magna cum libertate conatuque haud infelici ut numerosis versibus aures latinas permulceret.

At nunc de Ninnio Crasso rem agamus, qui videtur Furio Bibaculo aequalis fuisse Iliademque ex toto versibus hexametris fertur latine reddidisse. Tres modo exstant, duo tantum integri, unus mancus. Apud Nonium. s. v. *fite :*
« Crassus, lib. XVI Iliados :

socii nunc fite viri. »

cum Iliad. V, 529 : ὦ φίλοι, ἀνέρες ἔστε, Walther comparat. Apud Priscianum, X, p. 503 Htz : « Ninnius in Iliadis secundo :

Fecundo penetrat penitus thalamoque potitur. »

Respicit satis ad Iliad., III, 447 : ἦ ῥα, καὶ ἄρχε λέχοσδε κιών.
Ibid., IX, p. 478 : « Ninnius Crassus in XXIV Iliadis :

Nam non connivi oculos ego deinde sopore. »

Cf. Iliad. XXIV, 639 :

'Αλλ' αἰεὶ στενάχω καὶ κήδεα μυρία πέσσω.

Quae fragmenta aliis quidem poetis, quoniam saepissime librarii nomina Naeuii, Nonii, Ninnii, Liuii, Laeuii alia pro aliis substituerunt, temere assignata Huschke, in comment. de Annio Cimbro p. 9, Ninnio Crasso jure vindicavit. Ne igitur errorem hic recipias H. Stephani qui versum *Fecundo penetrat penitus potiturque thalamo*, in fragmentis poetarum veterum latinorum anno 1554 editis, p. 224, Naevio adscripsit, nec Scaligeri commentum qui a Laevio Iliadem Cypriam vult scriptam esse [1]. Nec non deceptus est Heyne qui, in excursu primo ad secundum Aeneidis librum (p. 387 et 391, not. 2), Naevii Cypriam Iliadem fuisse contendit [2]. Eodem errore laborat Wernsdorf [3].

Quid vero de Ninnii Crassi interpretatione sentiendum sit, vix statuere possumus; materia deest. Attamen, prout e tam paucis reliquiis licet coicere, a Walthero, qui inde Ninnii versus ad verba Homerica accurate conformatos fuisse existimat, equidem multum dissentio; neque aliter judicabit qui haec frustula cum graecis versibus sedulo contulerit.

Nunc in censum nostrum cadit M. Tullius qui, etsi Homericum carmen numquam latine totum reddidisse videtur, tamen, cum versus separatim ab aliisque rebus distinctos latine transtulerit, inter eos qui Homerum interpretati sunt locum obtinet, non inter poetas qui ex graeco aliquid alii intextum materiae in usum peculiarem converterint. Ceterum Homeri carminibus quanta Cicero

---

[1]. Cf Weichert, *Poetar. latin. reliq.*, p. 86, 87.
[2]. Heyne, *Vergil*, edit. quarta, curavit Ph. Wagner.
[3]. Wernsdorf, *Poet. lat. min.*, t. IV, pars 2, p. 572

consuetudine ac familiaritate usus sit quantoque affectu
animi eadem amplexus, innumeri ex ipsius operibus loci
satis declarant; adeoque lectione Iliadis et Odysseae imbu-
tus erat ut permultos versus huc et illic memoriter laudaret.
Itaque minime mirum est si aliquando errore captus est : sic,
de Divinatione, II, 30, 63 sq., Agamemnonem loquentem,
non Ulixem, ut Homerus Iliad. II, 299, lapsu memoriae
induxit; nec non erravit cum in libro, qui erat secundus de
Gloria, pro Hectore Ajacem attulit [1].

Ex Iliade versus quosdam depromptos ac latine redditos
apud Ciceronem septies invenimus [2], ex Odyssea semel
tantum [3]; ex hac vero, duos insuper versus a M. Tullio in
latinum conversos Augustinus in Civitate Dei nobis tradidit [4]. Quos omnes utpote notissimos hic proferre mihi
quidem non in animo est; in Baiteri et Kayseri editione,
t. XI, p. 89 sqq. collecti, facile reperiuntur. Vide etiam
egregium, jam supra laudatum, unius e nostratibus, Vic-
torii Clavel, opus de M. Tullio Cicerone Graecorum interprete.

Jam autem si quaerimus quanam ratione Tullius Homerica verba interpretatus sit, hoc munere quadam cum
libertate illum functum esse satis videmus : scilicet interdum
aut duos versus in unum coegit, aut unum in duos distraxit;
neque id fecit, quod Clavelium non fefellit, ex industria,
sed potius rei difficultate victus. Ceterum quid ad Homeri
vigorem ingeniumque exprimendum Ciceroniana valeat interpretatio, cum facultatem poeticam in summo illo oratore
mediocrem, ne dicamus nullam, inesse inter viros doctos

---

1. Quod GELLIUS notavit, *Noct. att.*, XV, 6.
2. *De divin.*, II, 63 sq. (*Iliad* II, 229-230); — *Tuscul.*, III, 63 (*Iliad.* VI,
201 sqq.) — *De gloria*, II (*Iliad.* VII, 89-91); *De divin*, II, 82 (*Iliad.* IX,
236); — *De divin.*, I, 52 (*Iliad.* IX, 363), — *Tuscul.*, III, 18 (*Iliad.* IX,
646 sq.); — *Tuscul.*, III, 65 (*Iliad.* XIX, 226 sq.)
3. *De fin.*, V, 49 (*Odyss.*, XII, 184-191).
4. AUGUSTIN, *De civil. Dei*, V, 8 (*Odyss.*, XVIII, 136 sq.).

conveniat, ego cum Walthero, qui haec Tulliana laborem puerilem sapere existimat, non acriter contendam; paulo tamen severior, me judice, in M. Tullium censor est Walther; nam minime injucundos tales versus habeo :

> O decus Argolicum, quin puppim flectis, Ulixes,
> Auribus ut nostros possis agnoscere cantus!
> Nam nemo haec umquam est transvectus caerula cursu
> Quin prius astiterit vocum dulcedine captus;
> Post, variis avido satiatus pectore Musis,
> Doctior ad patrias lapsus pervenerit oras.
> Nos grave certamen belli clademque tenemus
> Graecia quam Trojae divino numine vexit
> Omniaque e latis rerum vestigia terris.

Cf. cum Hom., Odyss., XII, 184-191 :

> Δεῦρ' ἄγ' ἰὼν, πολύαιν' Ὀδυσεῦ, μέγα κῦδος Ἀχαιῶν,
> νῆα κατάστησον, ἵνα νωϊτέρην ὄπ' ἀκούσῃς.
> Οὐ γάρ πώ τις τῇδε παρήλασε νηὶ μελαίνῃ,
> πρίν γ' ἡμέων μελίγηρυν ἀπὸ στομάτων ὄπ' ἀκοῦσαι,
> ἀλλ' ὅγε τερψάμενος νεῖται καὶ πλείονα εἰδώς.
> Ἴδμεν γάρ τοι πάνθ', ὅσ' ἐνὶ Τροίῃ εὐρείῃ
> Ἀργεῖοι Τρῶές τε θεῶν ἰότητι μόγησαν·
> ἴδμεν δ', ὅσσα γένηται ἐπὶ χθονὶ πουλυβοτείρῃ.

Vides graecos octo versus totidem latinis reddi, at in Ciceronianis deesse ingenuitatem et Homericum colorem; non magnopere sensus premi; verba quaedam gratissima esse neglecta, alia parum grata addita : νηῦς μέλαινα evanuit; *dulcedo vocum* non tam dulce sonat quam ὄψ μελίγηρυς; iteratum ab Homero ἴδμεν Cicero non iteravit. Haud equidem infitior : attamen latini versus suavitatem quandam olent, neque mihi ineleganter scripti nec doctiore, quam umquam Tullius fuit, poeta indigni videntur; tuque injuria mireris vestigia tanti ducis poetam mediocrem nonnisi longo intervallo secutum esse.

Restat ut de Attio Labeone pauca disseramus. Etenim apud Persium, Satir. I, 4, legitur :

> Ne mihi Polydamas et Troiades Labeonem
> Praetulerint?

In eadem satira, v. 50 :

> non hic est Ilias Atti
> Ebria veratro?

Plura autem nos docet vetus Persii interpres qui ad versum 4 haec adnotabat : « Labeo transtulit Iliada et Odysseam verbum ex verbo, ridicule satis, quod verba potius quam sensum secutus sit. » Mox ad versum 50 : « Attius Labeo poeta indoctus fuit illorum temporum qui Iliadem Homeri versibus foedissime composuit ita ut nec ipse poeta intellexisset nisi helleboro purgaretur. » Denique in epistula, Eliae Vineti ad P. Danielem data, haec leguntur : « Labeo poeta latinus fuit, ut Fulgentius in libro etymologiarum ait, qui carmen et opus Homericum vertit in latinum et placuit non magis auditoribus quam lectoribus. Ejus versus est :

> Crudum manduces Priamum Priamique pisinnos. »

Quantulum fidei Fulgentio tribuendum sit, nemo est qui nesciat. Waltheri tamen in sententiam libens venio, scilicet cum nulla sit causa cur Fulgentium hic commenti arguamus, neque habeamus ullum veri similia coiciendi fundamentum, satius esse interpreti antiquo credere quam inania de Labeone fingere. Hunc igitur versum ridiculum malo poetae non detrahemus :

> Crudum manduces Priamum Priamique pisinnos,

quem ad Iliad. IV, 35, respicere perspicuum est :

ὠμὸν βεβρώθοις Πρίαμον Πριάμοιότε παῖδας [1].

Haud equidem arbitror huc eodem jure memorandos esse Pompejum Macrum quem Iliacum Naso appellavit [2] quemque ab Aemilio Macro Veronense diversum fuisse jandudum monuit Douza, Antonium Rufum [3], Camerinum [4], alios ab Ovidio laudatos [5]. Nam versus Homeri non illi interpretati sunt, at de rebus Trojanis sua et propria condiderunt poemata. Neque aliter se gessit Julius Antonius, triumviri filius, a. 744 consul, qui, ut docet Acro ad Horat. Carm. IV, 2, 33, « heroico metro Διομηδείας duodecim libros scripsit egregios. » Itaque nos, ut propositum iter pergamus, veniamus nunc ad Italicum.

1. Quid de Berghio hic dicamus qui carmen nostrum nil nisi Attii Labeonis opus esse contendit? De hac sententia acerbe judicavit Mauritius Hauptius, *Opusc.*, t. II, p. 163; et quidem, quamquam praeter morem suum verbis non satis humanis vir doctissimus utitur, aequum de re ipsa facit judicium, quid enim, rogo, Epitomae nostrae quae libros Iliadis breviter (et quosdam brevissime) contractos affert cum opere Labeonis illius qui Iliadem et Odysseam *ad verbum* transtulisse nobis traditur?

2. OVID. *Ex Ponto*, IV, 16, 6 :
   Iliacusque Macer sidereusque Pedo.

   Ibid., II, 10, 13 (MACRO) :
   Tu canis aeterno quicquid restabat Homero
   Ne careant summa Troica bella manu.

   AMOR. II, 18, 1 sqq. :
   Carmen ad iratum dum tu perducis Achillen
   Primaque juratis induis arma viris,
   Nos, Macer,...

Quibus ex versibus satis constat Pompejum Macrum non eadem cecinisse quae Homerus, sed quae ante Achillem iratum fuerant, scilicet Graeciam arma et naves expedientem, Iliadis, ut ita dicam, prooemium.

3 OVID., *Ex Ponto*, IV, 16, 27.
4. *Ibid.*, 19
5. Cf. WERNSDORF, *Poet. lat. min.*, t. IV, pars 2, p. 582 sqq

CAPUT II

QUA RATIONE, QUO INGENIO, QUO CONSILIO SCRIPTA SIT ILIAS LATINA

Quem ad modum in singulis rebus ab Homero noster plurimum recessit, ita in eo quod ad compositionem attinet, magna usus est libertate. Videtur ille primum dubitanter ad opus accessisse, incertus utrum sibi Ilias reddenda esset integra, an summae tantum res, ceteris plane neglectis, tractandae essent. Illud quidem magis placebat, sed hoc viribus aptius. Aut enim vires saepe deficiebant, aut non satis firmas contrahendi leges Italicus sibi statuit. Ne dubites, hanc collationem oculis, quaeso, perlustra :

Liber		in Iliade			versibus constat;	in epitoma	
I		614				140
II	—	877	—		—	141
III	—	461	—		—	92
IV	—	544	—		—	45
V	—	909	—		—	149
VI	—	529	—		—	37
VII	—	482	—		—	75
VIII	—	565	—		—	36
IX	—	713	—		—	9
X	—	579	—		—	45
XI	—	848	—		—	17
XII	—	471	—		—	14
XIII	—	837	—		—	7

Liber XIV	in Iliade 522 versibus constat; in epitoma			11
XV	—	746	—	—	15
XVI	—	867	—	—	31
XVII	—	761	—	—	3
XVIII	—	617	—	—	53
XIX et XX	—	927	—	—	19
XXI	—	611	—	—	20
XXII	—	515	—	—	73
XXIII	—	897	—	—	11
XXIV	—	804	—	—	56

Deinde, cum nonnulla Italicus aliter narraverit atque Homerus, cujus rei exempla mox proferemus, subnascitur ardua, quae hic silentio non praetermittenda est, quaestio, graecamne ipsam Iliadem an ex antiquis latinis translationibus unam pluresve, non ipsum Homericum opus, ante oculos habuerit. Constat ex aliis fontibus atque ex Homerico Italicum quaedam derivasse, incertum autem est utrum graecum textum omnino neglexerit an, Homerum praecipue secutus, tamen fabulas a ceteris decantatas quas meminerit in carmine suo, forsitan cum properaret interdum inscius, receperit. Ut nodum expediamus, nihil subvenit. Equidem suspicor, quantum in ea re conici potest, nostrum, multa occupatione magistrique officiis distentum, subcesivo tempore [1] carmen per partes, memoria praesertim juvante, scripsisse; et profecto, ut videbis, multo majore Latinorum, Vergilii et Ovidii imprimis, quam Graecorum consuetudine utebatur [2]. Quicquid id est, in his praecipue Italicus ab Homero recessit :

V. 78. — Homerus narrat I, 188 sqq. Achillem a

---

1. Cui sententiae id favet quod eadem verba saepius recurrunt : 12 implicuit, 14 implicitus: 14 natae, 21 nata; 14 flevit, 18 fletus, 22 fletibus; 31 sacras, 34 sacros, 40 sacros; 417 nati, 419 nato; 712, 714 manuque, 744 mixtis, 746 mixtus, etc.

2. Quod clarissime elucet in epithetis quae ornantia dicuntur, ad nomina virorum deorumque adjuncta ; itaque eas in indice litteris crassioribus ego descripsi.

Minerva, antequam Agamemno Briseidem rapuisset, impeditum esse ne in regem gladium stringeret; noster eadem ponit post ablatam virginem.

V. 151. — Verba quae Nestori hic Italicus tribuit, ab Ulixe in graeco textu emittuntur, II, 300.

V. 372. — Democoon, Priami filius, ab Ulixe in Iliade, IV, 499, ab Agamemnone in Epitoma interficitur.

V. 461 — Italicus saxum, quod Diomedes jaciebat, id fuisse narrat quod non ferrent duodecim juvenes; multo modestius, ut Wernsdorf ait, Homerus, V, 303, de viris duobus hodierni aevi loquebatur.

V. 839. — Apud nostrum Patrocli corpus in castra refert Nestorides; Antilochus autem, Nestoris filius, in graeca Iliade, XVII, 685, tantum mortem amici Achilli nuntiat; referunt corpus Menelaus et Meriones, XVII, 717-722.

V. 855. — Si Italico creditur, Achilles, ut Patroclum ulcisceretur, a matre arma petit; Homerus, XVIII, 73, nil tale finxit : Thetis sua sponte arma pollicetur.

V. 857. — De Aetna, Vulcani officina, in graeca Iliade nusquam agitur.

V. 1006. — Circa tumulum Patrocli, XXIV, 16, non circa Trojae muros, ut noster cecinit, Hectoris corpus tractum ab Achille Homerus refert.

Jam his praemissis, cum Hectorem circa muros tractum Aetnamque officinam Vulcani in Epitomam ex Aeneide irrupisse facile agnoscas, non dubitabis, etiamsi graeco textu Iliadem nostrum evolvisse arbitreris, quin ille Vergilium potius ducem quam Homerum sibi elegerit. Reperies comparationem Maronianam, non Homericam, in versibus 255 sqq.; neque aliter res se habet v. 396. Inde quod supra de latinis Epitomae fontibus diximus quantum confirmetur apparet; clarius etiam rem illustrant singuli versus quibus noster Romanos poetas imitatus est, nonnumquam ad verbum expressit. Haec igitur respice.

A VERGILIO principium.

58. Dixerat, exarsit subito violentia regis
Aeneid. XI, 376. Talibus exarsit dictis violentia Turni.

96. Dixit; at illa leves caeli delapsa per oras.
(*Ab* AENEIDIS XI, 595, *totus repetitus est.*)

223. Cum pater ad Priamum mittit Saturnius Irim.
Aeneid. V, 606. Irim de caelo misit Saturnia Juno.

236. Et sacer Aeneas, Veneris certissima proles
Aeneid. VI, 322. Anchisa generate, deum certissima proles.

255. Seque velut viso perterritus angue recepit...
Aeneid. II, 379. Improvisum aspris veluti qui sentibus anguem
Pressit humi nitens...

311. Ultimus ille dies Paridis foret.
Aeneid. IX, 758. Ultimus ille dies bello gentique fuisset.

347. Te Menelae, petens.
Aeneid. V, 840. Te, Palinure, petens.

569 Terribilemque fugit galeam cristasque comantes
Aeneid. III, 468. Et conum insignis galeae cristasque comantes..

655 .... dextraque potenti
Sustinet auratas aequato pondere lances
[Achivum.
Fataque dura Phrygum casusque expendit

Aeneid XII, 723. Juppiter ipse duas aequato pondere lances
Sustinet, et fata imponit diversa duorum.

700. Qui secum tutae sublustri noctis in umbra.
Aeneid. IX, 372. ...sublustri noctis in umbra.

Ex Ovidio :

39.	Cur o tua dextera cessat?
Metam., II, 279.	Quid o tua fulmina cessant?

298.	Non aliter fortes nitida de conjuge tauri
Metam., IX, 46.	Non aliter vidi fortes concurrere tauros.

316	Et secum in thalamos defert testudine cultos.
Metam., II, 737.	Pars secreta domus ebore et testudine cultos
	Tres habuit thalamos.

321.	Vidi puduitque videre.
	(*Similiter in Metam*, XIII, 223.)

821.	Nam licet ipse suis Mavors te protegat armis
Metam., VIII. 394.	Ipsa suis licet hunc Latonia protegat armis

872.	Oceanumque senem.
	(Cf. Metam., II, 510.)

Ex Ovidio et Vergilio Italicus haec et alia in rem suam convertit; ex Horatio Lucretiove paucissima :

111.	Nox erat et toto fulgebant sidera mundo [1]
Horat., *Epod.* 15, 1 :	Nox erat et caelo fulgebat luna sereno.

109.	Et dapibus divi curant sua corpora largis
Lucret., II, 31.	Non magnis opibus jucunde corpora curant.

857.	Excitat Aetnaeos calidis fornacibus ignes.
Lucret., VI, 681.	Flamma foras vastis Aetnae fornacibus efflet
(*Adde Aetnae carminis versum 1 :*	
	...ruptisque cavis fornacibus ignes.)

---

[1] *Caelo*, quod legitur in tribus libris manu scriptis (vide Apparat. critic.), versus Horatii laudatus prima specie favet, et olim sic legeram. Sed diutius contemplanti sententia mutanda est : vir quidam doctus vocem *caelo* voci *mundo*, versus Horatiani memor, potuit substituere, pro *caelo* autem illud *mundo* huc irrupisse non veri simile est.

Vidisti satis quibus ducibus in versu et elocutione noster se gesserit, quorum in verba juraverit; nunc dicendum est qua ratione argumentum Iliadis persecutus sit, quas res explicuerit, quas aut vix attigerit aut plane omiserit. Nam, modo strigosior eorum, quae cecinit Homerus, pulcherrima nihilo curat, nec quid valeant videtur quidem sensisse; modo copiosior, vel de suo frigidi vel de aliis intempestivi aliquid addit et in molestis descriptionibus versatur.

Cum indagare coepi quas ob causas Ilias latina tantum fastidii legentibus adferat, imprimis id mihi occurrit quod mera bella Italicus narrat « pugnas et caedes, impetus et fugas » [1], nihil aut fere nihil quod ad pectus et ad intimos animi sensus pertineat. Achilles apud nostrum durus miles furit, minatur, strages facit, at humano corde nihil recogitat, nihil egregium, nihil elatum habet; nusquam de morte sua, ut saepissime in Iliade, ipse loquitur cum tristibus verbis, natura repugnante, fortiter tamen, vincente laudum immensa cupidine; nusquam in Epitoma ingenuum reperies juvenem qui, Patroclo occiso, non Patroclum modo, sua etiam arma ab hoste capta deflet. Ubi Phoenix? senem Italicus ne nominat quidem. Ceterum consilio et prudentiae in Iliade latina minimus est locus. Agamemnonem, ut Troja facilius potiretur, non Achillis aut Ajacis, sed Nestoris decem similes sibi optavisse noster aut ignorabat aut, hercle, parum intellegebat : Nestor enim ab illo rarissime inducitur, neque Ulixes gravem satis suscipit personam. Quid de mulieribus dicam? Agnoscisne in Epitoma generosam et miserandam uxorem Hectoris, cujus tamen Vergilius quoque tam vividam imaginem nostro praebebat? Libro sexto illa filium in gremio tenet; libro quarto decimo vult in rogum conjugis se inicere; nihil ultra requiramus. Hecubam ter frigidis versibus

---

[1] Verbis utor quae Wernsdorf usurpavit v 790 illustrando.

Italicus induxit querentem aut precantem; at Ovidii, quem toties imitatus est, poterat de matre Hectoris loquens melius vestigia sequi. Helenam cum Priamo loquentem, Iliad. III, 161 sqq., omittit. Thetis non est ea mater quae angatur filium angi, deque ejus fato pertimescat.

Virorum igitur Italicus grammaticus arma cecinit, mores nusquam illustravit, nusquam ingenuis coloribus egregiave imitatione depinxit. Deos autem parum intexuit. Frustra quaeras Jovem ante equos Diomedis fulmen emittentem (cf. Iliad. VIII, 133), Apollinem et Minervam super fago vulturibus similes (Iliad. VII, 59), et certamina et concilia deorum. Apud Homerum saepe dii mortalium vultus induunt: sic Minerva, Laodoco similis, IV, 86; Neptunus Calchanti, XIII, 45; nihil simile apud nostrum. Somnium, quod Juppiter Agamemnoni mittit, in Iliade formam Nestoris capit, II, 20; Xanthos equus Achilli mortem vaticinatur voce humana, XIX, 404; in Epitoma de his nihil agitur.

Nunc vero cum versibus 37 sqq. Iliadis libri I conferamus Epitomae versus 32-43. Chryses filiam ademptam delamentatur. Apud Homerum senex pietatem suam breviter commemorat, deumque paucis et gravibus verbis rogat ut Atridae scelus in Graecos expiare velit; apud Italicum etiam atque etiam precatur ut pro filia poenas luat. Quae, di boni, loquendi profluentia! Epitomae liber primus non amplius centum versus et unum continet; duodecim autem usurpat hace fastidiosa precatio, nam loci communes Italicum maxime delectant.

Quae cum ita sint, perlustranti tibi Iliadem latinam non sine causa vereor ne dictio frigida, vitiosa compositio, debile Italici ingenium taedium adferat, immo ad Homerum respicienti bilem moveat [1]. Cum tot et tantis vitiis car-

---

[1] Nisi forte in Laurentii Vallae sententiam discedis nostrumque Vergilio anteponis! (Cf. WERNSD., *Poet. lat. min.*, t. IV, pars 2, p. 547.)

men laboret, jejunum et exile saepius languescat, ineptis interdum redundet, nihil ingenuitatis Homericae, nihil Homerici sanguinis retineat, neque decem ex ordine habeat versus quales e M. Tullio supra laudati sunt, jam fere adducimus ut opus reiciamus sterile poetamque imperitum contemnamus. Sed cavendum est ne longius quam ratio postulat, nimia morositate digrediamur : nostri enim vitia excusatione consilii, quod sibi ille proponebat, defendere licet.

Scimus Graecos non minus in coloniis quam in ipsa patria carminibus Homericis primo jam quoque tempore operam navam dedisse. Id quam verum sit, ex hoc satis perspicies quod Zenodoti, Aristophanis, Aristarchi studiis vetustior fuit Massiliotica quae dicitur editio [1]. Atque adeo Graeci, qui sedes in Italia inferiore habebant, Romanos aliasque Italicas gentes a principio fabulas homericas docuerunt Neque hujus rei tantum a bello punico secundo Livianaque orta Odyssea initium notandum est; jandiu, secundum litus Campaniae et Latii et Etruriae, urbes, insulae, promontoria ab heroum Trojanorum nominibus nomina traxerant [2]. Sed hic ab ea demum aetate, qua Romani humanis artibus sese dediderunt, initium ducamus.

Tum vero, cum magistri, e Magna Graecia orti, studia Homerica Romam primis rei publicae temporibus intulerint, certum est Iliadem et Odysseam in scholis praelectas esse pueris, nec dubium videtur quin hujus lectionis fundamentum textus graecus fuerit. Non obstat quod ait Horatius in secundi libri epistula prima, v. 69, se Odysseam Livianam adjuvante Orbilii ferula didicisse. Nam Horatium graecis litteris a puero imbutum esse nemo nega-

---

[1] Cf Frid Aug. Wolf, *Prolegom. ad Homer.*, edit sec cum notis ineditis Imman. Bekkeri, Berol., 1876, p. 107

[2] Nuper doctus vir, J. A. Hild, in libello, quod *La légende d'Énée avant Virgile* inscribitur, rem disputavit, p. 55, — Cf Schwelger, *Rom. Gesch*, p. 310 sqq.; p. 325.

bit : at sine dubio, simul cum textu graeco, magister, ut sententiarum seriem verborumque acumen pueros edoceret, latina translatione uti solebat. Andronici Odyssea, quam satis veri simile est discipulorum ergo conditam esse, saepius eligebatur; sed etiam poterat magister aliquis, aliena rejecta interpretatione, ad novam et suam aggredi; poterat fabulas Homericas quo firmius eas memoria tenerent discipuli, libello latine conscripto totas breviter complecti et, quasi in tabella coactas, ante eorum oculos proponere. Ex ipso Epitomae nostrae habitu perspicuum est hanc grammatico nostro fuisse causam hexametris latinis Iliadem convertendi. Nam, cum Livianus liber in ludis paulo post Horatium videatur exolevisse, pro carmine jam veterrimo aetatemque male ferente alia ad explanandam Odysseam subministranda erant pueris auxilia : eo fere tempore, Epitoma nostra edita est locumque diu opinor, in scholis obtinuit, fortasse donec, aequabilius dispositae, sed cum breviores tum multo etiam frigidiores, Ausonii Periochae auctoritate praevaluerunt.

Habemus igitur utile viri modesti opus in quo et orationis et rei metricae sinceritas laudanda est. Sic Homericae Iliadis summae res puerorum mentibus penitus inhaerescebant, sic opusculum pure loquendi praebebat exempla quae judicium instituerent, augerent urbanitatem, memoriam sine ullo detrimento confirmarent.

Id quod facere instituerat, Italicus haud ita male perfecit. Quid amplius postulemus? Cum aliis officiis plus operae ac studii quam carminibus expoliendis impendere ille solitus sit, non est mirandum si carmen scriptorem minus peritum arguit. Ne igitur poetam tenuis ingenii alto supercilio vituperes : at potius homini magni laboris, magistro diligentissimo qui de discipulorum commodis consuluit, non suae ipsius gloriae aut utilitati inservivit, debita praemia persolve. excultam loquendi consuetudinem secutus est, aequalibus suis profuit, non altius scholico munere spiravit, neque umquam, credo, illi in mentem venit hoc opusculum in saecula romana victurum esse.

Posteros tamen Iliade latina usos esse veri simillimum est. Adde huc quod per medii aevi partem posteriorem carmen nostrum in ludis diligenter tractatum est illusque rudis et inculti temporis homines quantumvis docti, nisi parvulam hanc Iliadis imaginem recepissent, Homerici carminis plane ignari vixissent.

PARS III

CAPUT I

DE LIBRIS MANU SCRIPTIS ET IMPRESSIS

Inter omnes, quot quot innotuerunt, libros manu scriptos quibus carmen nostrum traditur, Erfurtanus et Leidensis primas tenent.

E, Erfurtanus, Amplon. nr 20, quem descriptum esse Lucianus Mueller saeculo tertio vel duodecimo, Aem. Baehrens duodecimo arbitratur; membranaceus, cum paginis, passim insertis, chartaceis ubi inania scripta esse a Luciano Mueller accipimus; titulo *incipit liber homeri* ornatus; correctus ita ut, Baehrensio auctore, manus agnoscendae sint duae : prior, fortasse ipsius librarii, eadem profecto aetate, multa collato exemplari quodam bono restituit; altera saeculi fere quarti decimi, seu emendationes experta est irritas, seu quid e corruptissimis fontibus hausit, textum foede turbavit : unde m 1 et m 2 accuratius discernas necesse est.

L, Leidensis, Voss. L. O., 89, saeculo duodecimo exaratus, cujus varietatem, ut videtur, Theod. van Kooten, modo Leidensis secundi nomine, modo Arntzeniani, bis a se poni, quamvis monuisset Burmannus Secundus, non animadvertit; Epitomam nostram, post Catonis disticha Avianumque, titulo *incipit liber omeri* distinctam, servat foliis 29-57; correctus est manu quae haud raro non nisi difficillime a prima dignosci potest mutavitque non pauca satis prudenter eradendo et emendando.

Ex uno exemplari fortasse gallico Erfurtanum et Leidensem fluxisse Aem. Baehrens suspicatur; ex altero germanico Monacenses, M (Monac., 19463, fol. 13-35) saeculo duodecimo descriptum, **N** (Monac. 19462, fol. 1-18) saeculo undecimo; ex tertio autem italico, **F** (Florent. Laurent. plut. 68, 24, fol. 55-74) saeculo quoque undecimo, et **V** (Venet. Bessar. 497, fol. 59-65), saeculo duodecimo ineunte.

Quibus Baehrens adjecit **B**, Britannicum Londoniensem, addit. 15601, fol. 102-108, saeculi tertii vel duodecimi, in versu 882 desinentem; **G**, Guelferbytanum, Extr. 301, fol. 17-29, ejusdem aetatis, in quo desunt versus 182-625; qui duo codices cum Florentino et Veneto saepe conspirant, aliquando oblitterata origine dissident.

Talibus fretus subsidiis, Aem. Baehrens textum emendatiorem constituere aggressus codices plerosque prius adhibitos nihil curavit; ne Burmannianum quidem, quem ejusdem fere probitatis esse ac Leidensem et Erfurtanum Lucianus Mueller judicavit ita ut trium librorum consensui, *c*, summam vim tribueret. Dolendum est hunc codicem, de quo nec Weytingh nec Mueller satis dixerunt, usque ad versum 644 tantum pertinere.

Quod si veras lectiones saepe liber ille exhibet, non tanti, fateor, hoc est faciendum, quia easdem jam in Erfurtano et Leidensi plerasque invenies; pauca enim, quae laudabilia sint, propria tenet. Sed non modo testimonio est sinceritatis qua duo illi enitent, alia etiam ex causa, nondum satis dicta, codex Burmannianus valet. Librarius qui eum scripsit, ubi verba lectu difficiliora in exemplari exhibebantur, non de suo quicquam deprompsit, sed potius ut exemplaris sive litteras, sive compendia subtiliter redderet totus incubuit, ac religiosissime quidem quae in oculis haberet videtur servavisse; cujus rei in apparatu critico versus 82 et 294 summos testes habebis. Itaque haec verae scripturae vestigia qualiacumque haud parvi pretii esse, immo aliquid fidei in reliquis Burmanniano vindicare non infitiaberis. Ceterum ducendus est ille inter libros qui jam familias miscuerunt : cum Monacensibus, **M** praesertim, haud raro consentit; cum Britannico, Laurentiano, Veneto communia quaedam habet. Burmannianum nos **R** signabimus.

Neque omnino spernendum Vossianum, **A**, censui. Scriptus est sane ab homine non indocto; saepius quidem genuinam lectionem mutavit (v. 79, 115, 299, 394), praesertim versu desinente (v. 3, 41, 59, 65, 151, 316, 362, 403); quaedam tamen bona aut solus aut cum paucis aliis retinuit (v. 31, 289, etc.). Neque Santenianum **S**, Virgilianum **I**, Guelferbytanum secundum **Y**, quamvis multis vitiis libri illi inquinentur, Baehrensianis (praeter **E** et **L**) multo inferiores esse equidem arbitror, probabilia quaedam mihi praestiterunt (v. 262, 310, 316, 364, etc.). Ceterum, in certas classes hi quattuor codices non coeunt, nedum quibusdam origo communis in promptu et propatulo sit [1].

Quorum tredecim librorum perpetuae varietati lectiones, adhuc ineditas, unius Bruxellensis et duorum Parisiensium, ad. v. 1-111 et 1000-1070 pertinentes, et eorundem quasdam alias in locis maxime dubiis, adjunxi.

T, Bruxellensis 2718, saeculo quinto decimo, formae quartae minoris, novem et viginti foliis Iliadem latinam servat; singulas paginas viginti vel undeviginti versus occupant; sequitur *Tragedia Reneri a Bruxella*. Titulus deest;

---

[1]. Aliquando tamen Vossianus codex (A) cum Monacensibus (**M N** manifestius consentit; vide enim in Apparatu nostro ad v. 326, 387, 667, 706, 764, 770, etc. Ex Annabergensi, Leidensi primo, Helmestadiensi, postquam indagavi apparatum criticum quo Theodorus van Kooten et Lucianus Mueller suam uter editionem ornavit, quid fructus percipiendum sit parum videre fateor.

at in fine legitur : *Explicit homerus de probitate Achillis.*
Rubram litteram versu incipiente librarius calamo descripsit ubi jure an injuria alium librum incipere existimavit (v. 27, 111, 130, 161, 252, etc.) [1]. Hunc codicem, de quo judicium nimis durum Aemilius Baehrens fecerat, mihi contulit Paulus Thomas, in Universitate Gandavensi historiae antiquae professor, vir doctissimus, cujus jam in me propensa benevolentia, cum Terentii Adelphis anno 1884 editis operam darem, ad exornandum commentarium meum non mediocriter profuit.

C, Parisiensis inter lat. 8413, anno 1403 exaratus, chartaceus, foliis 179-201, quibus olim volumen distinctum constabat, carmen totum habet. Post v. 1070, librarius haec sine ullo intervallo subjunxit :

(*F° 201 recto*)

> Pindarus hunc secum trans pontum uexit Homerum
> Silicet orgiuum dedit esse poeta latinum
> Pindarus hunc librum fecit sectatus Homerum
> Pindarus Homeri transcribens carmina greci

(*F° 201 verso*)

> Prelia conscripsit, sed sic sua carmina dixit ÷
> Deo gratias amen

Ego mai ais filius (*quondam?*) magistri Iohannis de Aliotis (*vel* -cis), scripsi hunc Homerum translatum de greco in latinam continentem destructionem troianam a grecis perpetratam. Die septimo mensis aprilis millesimo quadringensesimo tercio.

Sequuntur epitaphia duo, alterum Hectoris, alterum Achillis. Librum mihi contulit Ludovicus Duvau, cui gratissimi sensus animi hic profiteor.

---

1. Rubrica quoque idem librarius quaedam scripta aut interpuncta corresit, atramento glossemata nonnulla addita sunt.

D, Parisiensis inter lat. 14909, saeculo quinto decimo, partim membranaceus, partim chartaceus; Epitomam habet foliis 61-82, quibus olim volumen constabat peculiare; titulo caret; v. 1-54, spatio relicto in folio 61 usque ad tertiam partem, omisit. In fine hoc legitur : *Explicit Homeri Smirnensis uatis*. Ludovicus Duvau mihi contulit.

Discrepantiam igitur sedecim codicum in apparatu meo reperies; ex libris, etiam pravis, nonnulla ideo excerpsi quod timui ne, isto munere neglecto, magis ignaviae quam judicio viderer consuluisse, deinde quod intuenti quam lubricam omnes praeter Leidensem et Erfurtanum habeant fidem, quam multis et variis mendis foedati sint, mihi satius esse visum est adminicula qualiacumque praebere quam tollere. Sed ex tot codicibus, ne nimia mole apparatus jam gravis premeretur, utiliores modo scripturas notavi; omisi orthographicas easque omnes quae tantum ad librorum auctoritatem cognoscendam valent; quam rationem me secutum esse nemo mirabitur qui me, rerum invidia, nullum librum manu scriptum in oculis habuisse reputabit.

Quo vitiorum genere Ilias latina paulatim sit deformata, optime vidit Lucianus Mueller. Non Italorum, qui renascentium, ut dicitur, litterarum aetate nimiae conjectandi alacritati, sed etiam ingenio acutissimo et eruditissimo indulserunt, medicas manus noster passus est; quo tempore, jandiu ab Italis neglectum, vix in ludis germanicis opus Italici tractabatur. Prius autem, tertio et duodecimo saeculo, undecimo jam, librarii textum incuria, novandi libidine, mutandi licentia certatim turbaverunt; barbaries medii aevi quasi per ludibrium in Italici carmine tota grassata est. Inde illa nominum graecorum monstra quorum exempla Lucianus Mueller protulit, inde verba saepissime translata, spurii versus, antiqua ulcera quae sanari perarduum est.

Sequitur ut de nostri editionibus pauca adiciam. Quaenam fuerit princeps, obscurum est : Parmensisne, anno 1492 edita, an vetus illa Florentina in qua nullus, quantum quidem cognosci potest, annus adscriptus erat? haec sunt minimi momenti. Sed digna est quae commemoretur Laurentii Abstemii editio, Fani a. 1505 excussa, a Francisco Polyardo a. 1515 repetita; quae licet multis laboret vitiis multaque aperte falsa receperit, inter antiquas eminet, neque e Luciani Mueller sententia pro nihilo est ducenda. Lipsienses vero Basileensesque nil utile ad rem criticam contulerunt.

At J. Christianus Wernsdorf, etsi codicibus parum bonis, Guelferbytanis duobus et Helmestadiensi, subsidiis usus est manuque festinante ac levi nonnulla egit, tamen de nostro, cum emendato tum breviter illustrato, longe praeclarius quam qui ipsum antecederunt promeritus est.

Egregium Theodori van Kooten opus, variis jactatum fatis, publici juris tandem a. 1809 fecit Henricus Weytingh. Inter eos quibus nititur codices Leidensem Th. van Kooten evolvit; alios quidem minoris nulliusve pretii adhibuit, Virgilianum, Santenianum, Helmestadiensem etc., sed complura laudabili conjectura sanavit locosque Vergilii, Ovidii et aliorum e quibus, tanquam ex fontibus, noster hausit versusque Homeri ubi maxima cum nostri versibus deprehenditur conspiratio, sedulo et cum fructu notavit. Schedis Kootemanis Henricus Weytingh quod adjecit parum est : haud tamen omnino reicere decet.

Quantum in re Lucianus Mueller profecerit, jamjam ex omnibus quae hoc libello disputavimus satis elucet. Ille quidem, cum Erfurtanum Leidensi adjunxerit, fundamentum criticum verum constituit, cunctasque quae ad nostrum pertinent quaestiones manu saepius felicissima aut tractavit aut saltem attigit. Textum emendatiorem et ornatiorem dedit; de carminis aetate, vicissitudinibus, pretio eleganter disseruit. Leviter tamen, me judice, vir doctissimus reprehendendus est quod e codicibus vel pravis vel incertis, Annabergensi, Helmestadiensi, aliis supervacaneam varietatem saepius excerpserit neque eandem intexere in apparatum non ita productum dubitaverit.

Baehrensii editionem vituperare facile est, periculosum autem, nobis praesertim qui apparatum criticum a viro doctissimo institutum bona ex parte hic reddidimus. Nimis quidem Aemilius Baehrens ad conjecturam confugit ; attamen ne graviore voce illum increpes : liceat viro eximii ingenii interdum aliquid ausum esse, liceat innumeris arduisque operibus intento interdum erravisse. Ad Italicum emendandum haud frustra, hercle, aggressus est; codices fere omnes accuratius contulit; **L** et **E** ceteris praestare confirmavit; **B, M, N, V** primus recensuit; nonnulla optime correxit, vide v. 137, 257, 325, 560, 627, 646, etc., plura, sive in textu, sive in notis, haud leviter respuenda conjecit.

Jam praeter illos qui carmen nostrum ediderunt, nonnulli ad textum sanandum tam ingenio quam doctrina feliciter aggressi sunt : inter quos nominari merentur Higt, Johannes Schrader, Petrus Bondam qui nominibus propriis restituendis operam multam navavit [1], Antonius de Rooy [2], J. van der Dussen [3], J.-H. Hoeufft [4], Carolus Schenkl qui Laurentianum **F** primus examinavit et diligenter contulit [5]. Quibus autem Ludovicum Havet nunc adiciendum esse nemo dubitabit qui in apparatum meum oculos conjecerit.

---

1. In *Variarum lectionem libris duobus* Zutphaniae, 1739.
2. In *Spicilegiis criticis*. Dordraci, 1771.
3. *Prodromus in Pindarum Thebanum*. Campis, 1769.
4. In *Periculo critico*.
5. *Zeitschrift fur die osterreichischen Gymnasien*, 1875, p. 243 sqq.

CAPUT II

DE PINDARO FALSO NOMINE

Restat ut de Pindari nomine rem agamus quod in libris quibusdam, cum impressis tum manu scriptis, ad crucem interpretum inventum est. In Vaticano Reginensi 1708, quem saeculo tertio vel quarto decimo Baehrens exaratum putat, ita inscribitur : *Incipit liber pindari translatoris homeri*, subscribiturque :

> Pindarus hunc librum fecit sectatus homerum,
> Grecus homerus erat, sed pindarus ipse latinus.

Nec non in Vaticano Palatino 1611, saeculi quarti decimi exeuntis, legitur in fine :

> Pandarus hunc secum trans pontum uexit homerum,
> Scilicet argiuum dedit esse poema latinum.

Non est dubium, ut Baehrensio recte visum est, quin *pandarus* commento librarii huc provenerit sitque reponendus e Santeniano codice *Pindarus;* cujus libri facillime, quamvis mutatam, jam agnovisti quam supra e praefatione Weytinghiana recepimus suscriptionem :

> Pindarus hunc secum trans pontum uexit homerum,
> Sed argumentum dedit esse poeta latinum.

In Parisiensi quoque **C** jam in versus fere similes incidimus :

> Pindarus hunc secum trans pontum uexit Homerum
> Silicet orgiuum dedit esse poeta latinum
> Pindarus hunc librum fecit sectatus Homerum
> Pindarus Homeri transcribens carmina greci.

Haec etiam, saeculo tertio decimo, Hugo Trimbergensis in « catalogo multorum auctorum », ita consignavit : « Hinc minori locus est huic Homero datus, quem *Pindarus* philosophus fertur transtulisse latinisque doctoribus in metrum convertisse. » Denique, si carmen quoddam, a Benzone, Albensi episcopo, scriptum anno 1087 aut circa, respexeris, *Pindari* nomen undecimo saeculo jam vulgatum esse compertum habebis.

In Erfurtano autem nihil nisi *incipit liber homeri* legitur ; in Leidensi, *incipit liber omeri ;* in Guelferbytano, *incipit homerus ;* in Monacensi 19462, *de bello troyano homerus.* In codicum catalogis a saeculo nono ad undecimum compositis, *Omerus*, quod Baehrensium non praeteriit, saepius commemoratur, atque in epistula ad Grimoldum circa annum 850 scripta, Ermenricus Ellwangeniensis, laudato Epitomae nostrae versu septimo, his tantum verbis utitur : « ut apud Homerum in Iliade ». Nec magis *Pindari* nomen aut quidvis simile attulit Eberhardus Bethuniensis, nec Statii ad Thebaidem VI, 120 vetus interpres Luctatius seu Lactantius.

Pentadium autem in illo Pindaro Wernsdorf primum deprehendi jussit ; deinde postquam Avienum, non jam Pentadium elegit, alio modo rem explanare temptavit. Notus est Pandarus ille, unus ex Trojanis principibus, qui

> Λυκάονος ἀγλαὸς υἱὸς
> Πάνδαρος, ᾧ καὶ τόξον Ἀπόλλων αὐτὸς ἔδωκεν [1],

---

1. *Iliad.* II, 826.

Menelaum fertur sagitta vulnerasse [1], mox vero a Diomede, quoniam Minerva direxerat telum, interfectus est [2] : inde semidoctum aliquem, quem ad modum Albertus Stadensis *Troili* nomen intulit historiae belli Trojani carmine elegiaco stultissime confectae, ita illum poemati nostro quod nullo insignitum titulo invenisset, *Pandari* titulum fecisse. Talia autem conicienti Wernsdorfio parum favet carminis condicio : nam levissimas in eo partes Pandarus sustinet. Quin melius aliquid ipse Wernsdorf excogitavit, cum de grammatico Alexandrino, qui, teste Suida, Ptolemaeus cognomine Pindarion dictus, varia ad Homerum pertinentia scripsit, errorem subobscurum aliquem, ab homine non indocto quidem profectum, suspicaretur. Ceterum, haud pernirum sit neque incredibile si ad solam monachi cujusve libet librarii inscitiam nomen Pindari illud sit referendum.

Cum autem noster a priscis editoribus *thebanus* vocetur, nihil aliud nisi crassum perridiculumque errorem hic jacere vix necesse est ut dicamus; omnes viri docti consentiunt. Quanam ratione *thebanus* huc obrepserit, nemo profecto mirabitur qui barbariem medii quod dicitur aevi tantulum cognoscat : « Neque adeo, ut Wernsdorf ait, si carmini latino Pindari, graeci poetae, nomen impositum est, hoc magis mirum videri debet quam quod Hippocrati epistula latina attributa est ad Moecenatem scripta [3]. »

Quae in Santeniano, Vaticano Palatino, Parisiensi codicibus de Homero trans pontum vecto invenimus, qui accurate et cum sensu leget, de re, opinor, parum laborabit : e Graecia in Italiam, inter quas mare facit discrimen, carmina Homeri allata esse intellegendum est. Ineptissimis quidem verbis rem fateor expressam ; ceterum ne haec quicquam putemus esse nomenque Pindari jam deleamus.

---

1. *Ibid.* IV, 85-126.
2. *Ibid.* V, 166-340.
3. Cf. ROMANIA, a 1877, p. 287, n° 2.

En tibi, lector doctissime, ego quoque subicere ausus sum Iliadis latinae editionem apparatu critico institutam nominumque et rerum indice copioso ornatam. Jam 'nunc scis quo nomine fuerit poeta, quo tempore vixerit, quem inter Romanos qui Homerica carmina latine verterunt obtinuerit locum, qua ratione et quo consilio Epitomam scripserit suam. Italicus noster primi post Chr. n. saeculi priore parte florebat; grammaticus videtur ille fuisse qui ad pueros edocendos, satis frigide et nullo fere ingenio, at puri sermonis artisque metricae elegantia religiose servata, hanc Epitomam condidit. Ex tot autem latinis poetis qui versus Homeri in latinos transferre non veriti sunt, Italici unius opus integrum superest, quo diu pueros romanos in ludis usos esse haud veri dissimile censuimus, ita ut Homericis quae Romae viguerint studiis libellus ille plurimum luminis adferat.

ITALICI
ILIAS LATINA

PLESSIS. Thèse latine

E	*Erfurtanus.*
L	*Leidensis*
F	*Florentinus*
V	*Venetus.*
M	*Monacensis 19463.*
N	*Monacensis 19462*
B	*Britannicus.*
G	*Guelferbytanus primus*
Y	*Guelferbytanus secundus.*
R	*Burmannianus.*
A	*Vossianus.*
I	*Virgilianus.*
S	*Santenianus.*
T	*Bruxellensis*
C	*Parisiensis 8413.*
D	*Parisiensis 14909*

I

Iram pande mihi Pelidae, Diva, superbi,
Tristia quae miseris injecit funera Grais
Atque animas fortes heroum tradidit orco,
Latrantumque dedit rostris volucrumque trahendos
Ipsorum exsangues inhumatis ossibus artus.   5
Conficbat enim summi sententia regis,
Volverunt ex quo discordi pectore turbas
Sceptriger Atrides et bello clarus Achilles.

Codices — *Titul.* incipit liber Homeri **EF** incipit liber omeri **L** incipit Homerus **G** de bello troyano homerus **N** man. rec. || 2 que **B** quo **V** qui *ceteri* || ingessit **S** || uulnera **A**. || 3 animas *ex* -os *corr* **EMGS** *ex* -is (*ut Baehrensio videtur*) **L** animos **FVNBC** || edidit **S** misit ad orcos **A**. || 4 trahendas **M** tráendās **F**. || 5 Illorum *omnes* || 6 Conficiebat *omnes*. || 7 Volverunt ex quo] Pertulerant ex quo *plerique* Ex quo pertulerant **BSYT** Protulerunt ex quo *Ermenr.* || discordi pectore **ETC** (**V** *ex corr.*) discordia pectora **LFGMNBS** || turbas] pugnis **FV** pugnam **TA** pugnas *ceteri* turmas *Ermenr.* || 8 Impiger **T**.

2 quae *Higt.*
5 Ipsorum *Havet;* cf Iliad. I, 4 αὐτοὺς δέ
6 confiebat *Higt cum aliis*.
7 Volverunt — turbas *Havet.* (*cf. p.* V *et* VI) Ex quo contulerant — pugnas *vulgo* Ut primum tulerant — pugnas *Baehrens.* Versarant ex quo — pugnas *Doering.*

Quis deus hos jussit ira contendere tristi?
Latonae et magni proles Jovis. Ille Pelasgum   10
Infestus regi pestem in praecordia misit
Implicuitque gravi Danaorum corpora morbo.
Nam Chryses quondam, sollemni tempora vitta
Implicitus, raptae flevit solacia natae
Invisosque dies invisaque tempora noctis   15
Egit et assiduis implevit questibus auras.
Postquam nulla dies animum maerore levabat
Nullaque lenibant patrios solacia fletus,
Castra petit Danaum genibusque affusus Atridae
Per superos regnique decus miserabilis orat,   20
Ut sibi causa suae reddatur nata salutis.
Dona simul praefert. Vincuntur fletibus ejus
Myrmidones reddique patri Chryseida censent.
Sed negat Atrides Chrysenque excedere castris
Despecta pietate jubet; ferus ossibus imis   25
Haeret amor, spernitque preces damnosa libido.
Contemptus repetit Phoebeia templa sacerdos
Squalidaque infestis maerens secat unguibus ora

---

9 ira tristi contendere iussit *omnes*. ‖ 10 proles magni B illa B iste T.
‖ 11 Infestam *omnes* ‖ regis E *m* 2 T. ‖ 12 Impleuitque B T.
‖ 13 quondam crises *vel* chrises *omnes* tempore uite E L *m* 1
(uitte V). 16 uocibus C ‖ 17 plangore L solando (*e vers. seq.*) T
leuauit B S T. ‖ 19 effusus S affluxus I profusus G ‖ atridis G
‖ 22 perfert S profert T. ‖ precibus C. ‖ 26 spreuitque L *m* 2 A.
‖ 27 Despectus E. ‖ 28 infectis S.

9 ira tristi contendere jussit *vulgo* (*ego verba transtuli: cf. ap. nostr. r.* 257,
308, 966; *ap. Prop* IV, 1, 17 « *Nulli cura fuit externos quaerere divos* »,
et cet.
11 Infestus *Brantsma: cf. Iliad.* I, 9 βασιλῆϊ χολωθείς — praetoria *ab
Higtio et Schradero receperunt Mueller et Baehrens*.
13 Chryses quondam *scripsi*

Dilaceratque comas annosaque pectora plangit.
Mox ubi depositi gemitus lacrimaeque quierunt, 30
Fatidici sacras compellat vocibus aures :
« Quid coluisse mihi tua numina, Delphice, prodest
Aut castam multos vitam duxisse per annos ?
Quidve juvat sacros posuisse altaribus ignes,
Si tuus externo jam spernor ab hoste sacerdos ? 35
En, haec desertae redduntur dona senectae ?
Si gratus tibi sum, sim te sub vindice tutus.
Aut si qua, ut luerem sub acerbo crimine poenam,
Inscius admisi, cur o tua dextera cessat ?
Posce sacros arcus, in me tua derige tela : 40
Auctor mortis erit certe deus. Ecce merentem
Fige patrem : cur nata luit peccata parentis
Atque hostis duri patitur miseranda cubile ? »
Dixit; at ille sui vatis prece motus acerbis
Luctibus infestat Danaos pestemque per omnes 45
Immittit populos : vulgus ruit undique Grajum,

---

29 pectora **E M** tempora *ceteri*. ‖ 31 Fatidici **A** Fatidicis **L F V M N B T C** Vatidicis **E G** ‖ compellit **L N B G S Y** conpellit **M** ‖ aras uel aures **E** *m* 1. ‖ 33 Et (*a corr., ut Baehrensio videtur*) **E** ‖ cassam **T** ‖ multos uitam **E B** uitam multos *ceteri* ‖ 33, 34 *inverso ordine leguntur in* **S**. ‖ 34 Quid ueniat **T**. ‖ 35 Sic **M** ‖ jam spernor] contemnor **S** ‖ 37 Sic **N C** tibi sum gr **G N** ‖ sim] sum **N** si **M** sic **C** ‖ uindice **E F V** (**B** *suprascr*.) iudice *ceteri* ‖ 38 At **S** (aut *ex* at *corr*. **E**) ‖ Si quā ut **E L F V** si quā ≡≡ (*eras*. ut) **B** si quas (*om*. ut) **M T** si quid ut **N G Y** quae **A** ‖ poenas **M G A** p(o)enā *ceteri*. ‖ 40 dirige *omnes* ‖ 41 dolentem **A**. ‖ 42 Fige patrem cur] Pande etiam cur **I**. ‖ 44 Dixerat *omnes* ‖ prece uatis motus **N** motus prece uatis **B A**

29 tempora *Kooten, Mueller*.
31 aras *Wernsdorf, Mueller, Baehrens*.
40 derige *Baehrens*.
44 Dixit; at *Baehrens* (cf v 96)

Vixque rogis superest tellus, vix ignibus arbor,
Deerat ager tumulis. Jam noctis sidera nonae
Transierant decimusque dies patefecerat orbem,
Cum Danaum proceres in coetum clarus Achilles   50
Convocat et causas hortatur pestis iniquae
Edere Thestoriden. Tunc Calchas numina divum
Consulit et causam pariter finemque malorum
Invenit, effarique verens ope tutus Achillis
Haec ait : « Infesti placemus numina Phoebi   55
Reddamusque pio castam Chryseida patri,
Si volumus Danai portus intrare salutis ».
Dixerat; exarsit subito violentia regis;
Thestoriden dictis primum compellat amaris
Mendacemque vocat; tum magnum incusat Achillem   60
Inque vicem ducis invicti convicia suffert.
Confremuere omnes. Tandem clamore represso
Cogitur invictos aeger dimittere amores
Intactamque pio reddit Chryseida patri,
Multaque dona super; quam cunctis notus Ulixes   65
Impositam puppi patrias devexit ad arces

---

47 arbor] aer *omnes* (acer, *ut videtetur Baehrensio*, L). || 48 Degerat
F || agri T || nonae sidera noctis S || 50 Tum **E L F V N C** Tunc
B G Dum M || 51 casus **G V A**. || 52 tum **N V Y C**. || 53 causas
B G || laborum L || 57 salutis] petitos A. || 59 primum dictis A
dictis primo Y || amoris T acerbis A. || 60 tum **F V M N A T** et **S**
tunc *ceteri*. || 63 inui — tos *si Baehr. cred* , inuictus *m* 1 *si Koot*. L
inuittos F in uiros C inuitus D inuitos *ceteri*. || 65 super] simul
A || quam] cum, *sequitur ad decem litteras scribendas spatium
relictum* D || Ulixes] achilles A. || 66 ad oras T ad horas G.

47 arbor *Schrader, A. de Rooy* (cf. Ovid. Met. VII, 613) aer *Mueller* aether *veter. ed*
50 Cum *Iligt.*
57 petitos *Kooten* (cf. Ovid. Met. VIII, 5).
63 invictos *Mueller* invitos *vulgo* invisos — dis mittere *Baehrens* (qui invitis
— dis m in notis proposuit)

Atque iterum ad Danaum classes sua vela retorsit.
Protinus infesti placantur numina Phoebi.
Non tamen Atridae Chryseidis excidit ardor; 70
Maeret, et amissos deceptus luget amores.
Mox rapta magnum Briseide privat Achillem
Solaturque suos alienis ignibus ignes.
At ferus Aeacides nudato protinus ense
Tendit in Atriden et, ni sibi reddat honestae 75
Munera militiae, letum crudele minatur;
Nec minus ille parat contra defendere sese.
Quod nisi casta manu Pallas tenuisset Achillem,
Turpem caecus amor famam liquisset in aevum
Gentibus Argolicis. Contenta voce minisque 80
Invocat aequoreae Pelides numina matris,
Ne se plus, populis coram, patiatur inultum.

Et prope consumptae vires redduntur Achivis   69

legitur in D *et, man. rec. in marg. addit., in* G; *deest in ceteris; Bachrens jure ejecit.*

---

67 classes Danaum V B C D || retorquet T. || 68 Phoebi] diui T.
|| 70 Nec R S | atridi F G M R D | exiit ignis T || 71 admissos
R || decomptus *vel* decoptus L F V M N (deᵽptus C) deletus (tē *ex
corr.*) B || luget] plangit T. || 75 et ni] quod ni G $^{q'}_1$ ni T et nisi
D. || 76 militiae] leticie T. || 77 se ⚌ se G se ense L B S se hense V
ense N (si deffendere si ense C). || 79 flammam A. || 80 Mentibus L F V S Y || contenta L contempta S contemptus I T concepta
R. || 81 Euocat R conuocat Y. || 82 ⃥ se pl' $^{ꞵ}_{p}$ eūs p'cem paciat
ī ultum R Ne se plus Thetis contra patiatur inultum *ceteri* (inultam S) (cōtra, cō *ex corr.* B ⚌ tra N)

78 cauta *Suringar*
80 contenta *probavit Havet* intenta *Hoeufft* — minisque] manuque *Hilgt.*
82 Ne se plus, populis coram, p. i. *in loco desperato temptavi* (*vel* Ne se praedonem contra) Ne se Plisthemden contra p. i. *Bergk, Baehrens.* Ne se plus contra Atridem p. i. *Dussen.* Ne se plus Thetis contra p. i *vulgo* (*itaque scriptum versum Mueller stellula notavit*).

At Thetis audita nati prece deserit undas
Castraque Myrmidonum juxta petit et monet, armis
Abstineat dextra, gressuque exinde per auras 85
Emicat aethereas et in aurea sidera fertur.
Tunc genibus regis sparsis affusa capillis :
« Pro nato venio genetrix, en, ad tua supplex
Numina, summe parens! ulciscere meque meumque
Pignus ab Atrida; quodsi permittitur illi, 90
Ut flammas impune mei violarit Achillis,
Turpiter occiderit superata libidine virtus. »
Juppiter huic contra : « Tristes depone querellas,
Magni diva maris, mecum labor iste manebit.
Tu solare tui maerentia pectora nati » 95
Dixit; at illa leves caeli delapsa per auras
Litus adit patrium gratasque sororibus undas.
Offensa est Juno : « Tantumque » ait « optime conjunx,
Doride nata valet, tantum debetur Achilli,

---

83 praece nati T. ‖ 84 iuxta petit et monet armis E arma D praeteruolat inde per auras E *m* 2, *et ita in textu ceteri* (p̄ceps uolat V aureas C) *qui v.* 85 *omittunt.* ‖ 85 Abstineat dextre congressu inde per auras E Abstinet haec dextra gressus indeque per auras D *versum ceteri omis.* ‖ 86 Et micat D. ‖ 87 sparsos — capillos E L *m* 1 M S effusa E *m* 1 Γ A Y efusa M defusa D. ‖ 88 uenio L *m* 2 R D uenit (t *man. rec.*) M ueni ≡ B ueni *ceteri* ‖ 90 corpus *omnes.* ‖ 91 uiolarit L F V Y T C uiolaret *ceteri.* ‖ 92 occideret D occiditur A ‖ 93 h̄ic T haec F h̄ (= hoc) C ‖ contra] dixit E *m* 2 V B G R C (*in quo* dīx) ‖ tristis (e *m* 1 *supra* i *alt.*) E tristes *ceteri* querelas *omnes* (q̄elas T) ‖ 96 Dixit, at] Dixerat Y D ‖ leuis D (es *corr. m* 1 E) ‖ dilapsa T. ‖ 97 proprium D. ‖ 98 tantumne R Y A tantumque *ceteri* (tandēque E).

85 dextra, gressuque exinde *scripsi* dextra, e congressuque inde *Baehrens* dextram congressuque, inde *Ritschl. Mueller.*
88 veni *Wernsdorf, Baehrens* (sed cf. *Aeneid.* VIII, 382 et *Metam.* V, 514).
90 Pignus *Higt.*

Ut mihi, quae conjunx dicor tua quaeque sororis 100
Dulce fero nomen, dilectos fundere Achivos
Et Troum renovare velis in proelia vires?
Haec tu dona refers nobis? sic diligor a te? »
Talibus incusat dictis irata Tonantem
Inque vicem summi patitur convicia regis. 105
Tandem interposito lis Ignipotente resedit,
Conciliumque simul genitor dimittit [Olympo];
Et dapibus divi curant sua corpora largis. [109]
Inde petunt thalamos jocundaque dona quietis. [110]
Interea sol emenso decedit Olympo. [108]

Sic versus disposuit Havet — 107 et 109 inter se locum mutare jussit Mueller; cui Baehrens assentitur; versum 109 versui 106 Mueller praeposuit.

---

100 dicor tua coniunx E. ‖ 102 troium reuocare T ‖ 103 tu] ita *omnes*. ‖ 105 patitur summi A ‖ 109 omnipotente T C D *et omnes libri manu scripti et impressi quod Wernsdorf viderit* ; recedit T recessit A. ‖ 107 demittit E A dimisit S D ‖ olimpo E (*et* L *qui m 1 corr. in* olimpi) olimpi *ceteri* (holimpi B olimphi D). ‖ 109 divi] uini A danai D. ‖ 110 iucunda R I. ‖ 108 discedit T descendit D.

103 Haec tu *Wernsdorf* Haecine *Dussen*.
107 ab aula *vulgo; totum versum spurium habet Schenkl*

II

Nox erat et toto fulgebant sidera mundo
Humanumque genus requies diuumque tenebat,
Cum pater omnipotens somnum vocat atque ita fatur :
« Vade age per tenues auras, lenissime diuum,
Argolicique ducis celeri pete castra volatu ;   115
Dumque tuo premitur sopitus pondere dulci,
Haec illi mandata refer : cum crastina primum
Extulerit Titana dies noctemque fugarit,
Cogat in arma viros incautumque occupet hostem. »
Nec mora : somnus abit levibusque per aera pennis   120
Devolat in thalamos Agamemnonis : ille sopore
Corpus inundatum leni prostratus habebat.
Ad quem sic loquitur curarum operumque levator :

Codices — II *marg. rubr.* E Explicit lib I Incipit lib II *fere* FVXB *omis.* GM *spatium in* LD ; N *initial. rubr.* C ‖ 111 toto — celo B V R C celo — toto E toto — mundo I L (*in hoc uel celo suprascr. m 2) et ceteri Baehrensiani* ‖ 113 Tum *plerique* Tunc L B. ‖ 114 lenissime N B (L n *in 2 supra ras.*) leuissime *ceteri Baehrensiani* ‖ 115 celeri] subito A.

111 caelo *veter. edit.*, Wernsdorf (*cf.* Horat. epod. 15, 1 ; *vide p.* XXXIV, n 1. 113 Cum *Hyg.*

« Rex Danaum Atride, vigila et mandata Tonantis,
Quae tibi missa simul delatus ab aethere porto. 125
Accipe : cum primum Titan se emerserit undis,
Fortibus arma jube socios aptare lacertis
Et petere Iliacos instructo milite campos. »
Dixit et has repetit per quas modo venerat auras.
Interea lucem terris dedit ignea lampas. 130
Convocat attonitus visis Pelopeius heros
In coetum proceres remque omnibus ordine pandit.
Cuncti promittunt socias in proelia vires
Hortanturque ducem ; quorum rex fortia dictis
Pectora collaudat, grates agit omnibus aequas. 135
Hic tum Thersites, quo non deformior alter
Venerat ad Trojam linguave protervior, ultra
Bella gerenda negat patriasque hortatur ad oras
Vertere iter; quem consiliis illustris Ulixes
Correptum dictis sceptro percussit eburno. 140
Tunc vero ardescit conceptis litibus ira :

---

125 iussa *omnes* || delapsus M. || 126 se emerserit M R Y emergerit T emerserit *ceteri*. || 128 armato S. || 131 uisis E M N iussis *ceteri Baehrensiani*. || 135 cōlaudās (s *in ras m*2) L collaudans R S T || grates L F T gratesque *ceteri* || 136 Hic tunc F V N Haec cum I S hinc tunc T || nec E *m* 2 supraser· I V (G *si Koot. cred*) || 137 linguaue G lingua ≡ ≡ (nec *m* 2 *supra lin. praefixit.*) E nec lingua F V M N ≡ ≡ lingua (que *m* 2 *add.*) L || lingua nec pronior I || (*versus deest in* B) || ultra] ullus I alter *ceteri*. || 138 patriasque omis. que L F V B. || 140 eburno (uel neo *m* 1 *supraser.*) L. || 141 Tunc E Tum *ceteri* (G?).

126 se emerserit *Kooten* emerserit *ceteri*
134 duces (*nominativ. plur.*) *Baehrens*.
135 grates agit *Wernsdorf* gratesque agit *vulgo*
137 protervior, ultra *Bergk, Baehrens* protervior alter *vulgo* procacior alter *Mueller*.

Vix telis caruere manus, ad sidera clamor
Tollitur, et cunctos pugnandi corripit ardor.
Tandem sollerti prudentia Nestoris aevo
Compressam miti sedavit pectore turbam 145
Admonuitque duces dictis, responsa recordans
Temporis illius, quo visus in Aulide serpens
Consumpsit volucrum bis quattuor arbore fetus
Atque ipsam invalido pugnantem corpore contra
Addidit extremo natorum funere matrem. 150
Tum sic deinde senex : « Moneo, remanete, Pelasgi,
In decimo labor est, Calchas quem dixerat, anno,
Quo caderet Danaum victricibus Ilion armis. »
Assensere omnes, laudatur Nestoris aetas,
Conciliumque simul dimittitur; arma parari 155

---

143 punnendi R. ‖ 144 sollerti MB solerti A sollerti F G sollertis *ceteri*.
‖ 145 Contemptam R. ‖ 149 inualido G N ualido *ceteri* pectore B V
(« *quid melius sit difficile est affirmare* » Wernsd.). ‖ 151 Tunc
L F N B C ‖ inde F V C (*et G si Baehrensio cred.; in eodem libro
Wernsd. legebat* · Infit deinde (*et in* Y Tum sic inde) moneo
omnes (moneo ≡ L moneor F moneoque S) ‖ remonete Y remoneboque *plerique* (que m 1 *supra lm* E L) remonebor F reminiscor M recordor S constanter A ‖ Pelasgi] achiui *omnes*. ‖ 152
quem calcas N V (*versum omis.* M) ‖ 153 cideret N. ‖ 154 consensere E A ‖ 155 concilium E G consilium *ceteri Baehrensiani*, A

144 sollerti *reposui*.
145 pondere *Baehrens*.
149 corpore *receperunt* Mueller, Baehrens.
151 Infit deinde senex *Wernsdorf* — moneo *restituit* Havet — remanete,
Pelasgi *scripsi ex* Ovid. Met. XII, 19. « *Thestoridés · Vincemus, ait, gaudete,
Pelasgi* », *saepe noster* Pelasgi *voce usus est, hic* Achivi *nomen e glossa ortum
esse censeo* maneo remaneteque, Achivi *vulgo*. — « Senex remoror, remoramini,
Achivi *Baehrens*.
153 cadet ec *Baehrens* (« *an recidit?* » *idem in notis*).

Dux jubet atque animos, aptari et corpora pugnae.
Postera lux tacitas ut primum depulit umbras
Et nitidum Titan radiis caput extulit undis,
Protinus armari socios jubet acer Atrides
Et petere Iliacos instructo milite campos.   160
Vos mihi nunc, Musae (quid enim non ordine nostis?),
Nomina clara ducum clarosque referte parentes
Et dulces patrias : nam sunt haec munera vestra.
Dicamus quot quisque rates ad Pergama duxit,
Et coeptum peragamus opus, sitque auctor Apollo   165
Aspiretque libens operi per singula nostro.
Peneleus princeps et bello Leitus acer
Arcesilaus atrox Prothoenorque Cloniusque
Boeoti decies quinas egere carinas
Et tumidos valido pulsarunt remige fluctus.   170
Inde Mycenaeis Agamemnon moenibus ortus,
Quem sibi delegit bellatrix Graecia regem,
Centum egit plenas armato milite puppes.
Et bis tricenis Menelai navibus ardor
Insequitur totidemque ferox Agapenoris ira.   175
Quos juxta fidus sollerti pectore Nestor

---

156 Dux] Rex **A Y** ‖ pectora *omnes*. ‖ 157 ut] ubi **Y** ‖ repulit **S**. ‖ 158 medius **S** ‖ ≡ tulit **L**. ‖ 160 armato **E** constructo **N** (*versum omis.* **Y**) ‖ Incipit lib. IV *in spatio vacuo* **L**. ‖ 167 lercius **E F N B** laertius **L M** lertius **G** ler ≡ tius (ler *ex corr.*) **V**. ‖ 169 Boeti ≡ (i *ex corr.*) **L** Boetes *ceteri* ‖ quinas decies. **A** ‖ 172 bellatrix delegit **R**. ‖ 173 puppes — plenas **A R**.

156 Dux omnis jubet atque aptari c. p. *Baehrens*. — corpora *Ihyl.*
162 penates *edit vet.*, *hooten.*
167 Leitus *Bondam (cf. Iliad.* II, 494)
169 Boeoti (*ibid.*, 495 et 509). Boeotas *Wernsdorf.*

Consilioque potens gemina cum prole suorum
It ter tricenis munitus in arma carinis.
At Schedius virtute potens et Epistrophus ingens
Gloria Myrmidonum, saevi duo robora belli, 180
Longa quaterdenis sulcarunt aequora proris.
Et bis vicenas Polypoetes atque Leonteus
Instruxere rates, ornatas milite forti.
Euryalus Sthenelusque duces et fortis in armis
Tydides valido pulsarunt remige fluctus 185
Bisque quadragenas onerarunt milite puppes.
Ascalaphusque potens et Ialmenus, acer uterque,
Ter denas valido complerunt remige naves.
Et bis vicenas Locrum fortissimus Ajax
Instruxit puppes totidemque Euhaemone natus. 190

---

177 suorum est E. || 178 It ter L Y Ter (it *m* 2 *supraser.*) E Est ter
G F V M N Est cum B. || 180 saeui et R. || 181 Longaque terdenis
plerique Grandia terdenis E Altaque tridenis I, sulcarunt I pul-
sarunt *ceteri* || *v.* 182-625 *desunt in* G. || 183 o = ratas (ner *supra
ras.*) B honeratas N V armatas A (armatas, ornatas, oneratas *una
exhibet* Y, *si* Wernsd. *red.*) || 184 Euripilus L X Surripilus *fere
ceteri* duces E *m* 2 B N R S Y decens (ens *ex corr.*) L decus F M
decons V cileus A simul E || 185 fluctus E Y fructus M pontum
F V N B (L *supra ras. m* 2). || 186 Bisque E (*in* L que *supraser.
m* 1) Ilii M Ili F V R In B. || 187 iamenus *supraser. m* 1 L
telamus R talamonius N talamon B. || 190 euchenore *plerique*
enthenore A.

181 Longa quaterdenis *Schrader*.
183 forti] multo *Schenkl*
184 Euryalus *Bondam, Higt.* — duces *Kooten jure relinuit: cf. enim Iliad.* II.
563 sqq. ἡγεμόνευε, *et quem optime laudat* Weytingh, *Aeneid.* II *versum* 261
« Thessandrus Sthenelusque duces » *ferox* Wernsdorf (*lacunam significaverunt
Mueller et Baehrens*)
185 pulsantes — fluctus *Baehrens qui v.* 186 bis, *non* bisque, *scripsit* —
pontum *vulgo*.
187 acer, uterque *Wernsdorf*.
190 Euaemone *Bondam*. Euhaemone *Mueller* (*cf. Iliad.* II. 736).

Quos juxta Danaum murus comitatur Achilles,
Cum quinquaginta materna per aequora vectus.
Thessalici juvenes Phidippus et Antiphus ibant
Altaque ter denis sulcarunt aequora proris.
Et tribus ab Sume ratibus secat aequora Nireus,   195
Tlepolemusque novem Rhodius, quos viribus acer
Eumelus sequitur, minus una nave profectus
Quam duxit Telamone satus Salaminius Ajax.
At Prothous Magnes Tenthredone natus et una
Euboeae longis Elephenor finibus ortus   200
Dulichiusque Meges, animisque insignis et armis,

---

v. 198 eiciendum Wernsdorf censet.

---

191 danaum murus R graium murus (m *ex corr.*) L graium durus *ceteri* || 194 pulsarunt *omnes.* || 195 At A || ab Sume] assumtis, assumptis *omnes* || Nireus] teucer *omnes.* || 196 Triptolemus (— lomus), Striptolemus (— lomus) *plerique* Neptolemus (*corr. in* Triptolom. *m* 2) E. || 197 Eumelus L *m* 4 Eumenelus *ceteri* (Et Menelaus R) || prouectus *omnes Baehrensiani.* || 198 salaminius] telamonius A (E *supraser. m* 2 salimius) thelamonius F Y. || 199 At Prothous] Astropus (— phus) *omnes* || magno *omnes* || testoride N (E *m* 2 *supraser.*) thestorede V || 200 longis] magnis *omnes* (*e versu praecedenti :* Magnes) ; Euboea ae B Euboea ac E F M Euboea et M Euboee (e *ult. ex corr.*) a ≡ L Eubous ac V || 201 animoque A animis ≡ (*supra ras.* qui q; *m* 2) E ani ≡ ≡ (m s *supra ras.*; omis que) L.

---

191 Danaum *Kooten restituit* Grajum *vulgo* (*Ovid. Met.* XIII, 281). — murus] ductor *veter. edit.*, *Wernsdorf.*

193 *Num* Thessalides?

194 sulcarunt *vulgo.*

195 ab Sume *Schenkl* ex Syme *Wernsdorf jam in notis proposuerat, Kooten probabat, idem olim in mentem venerat Suringario, neque Santenio displicebat; cf. Iliad.* II, 671. — secuit freta *Baehrens in not.* — Nireus *Bondam, Ihgt* (*Iliad.* II 671 sqq.)

196 Tlepolemus *Barth* (*cf. Iliad.* II, 653).

199 At Prothous *Bondam* (*ibid.* 756). — Magnes *Schrader, Ihgt* (*ibid.*). — longis *ego ex* magnis *Bondam* (Martius Euboicis *Walker*)

Aetola de gente Thoas Andraemone natus,
Hi quadragenas omnes duxere carinas
Et bis sex Ithaci naves sollertia duxit;
Quem sequitur totidem ratibus Telamonius Ajax,   205
Egregia virtute potens; simul horrida Gunei
Ira bis undenis tendebat in arma carinis.
Idomeneus et Meriones, Cretaeus uterque,
Bis quadragenis muniti navibus ibant.
Et totidem puppes clara de gente Menestheus   210
Duxit Athenaeus, quot viribus addit Achilles.
Amphimachusque ferox et Thalpius, Elide nati,
Et clara virtute Polyxenus atque Diores.
Hi bis vicenas onerarunt milite naves
Protesilaus agit totidem fortisque Podarces   215
Instructas puppes, quot duxit Oileos Ajax.
Et septem Poeante satus dat in arma carinas.
Quem sequitur juxta Podalirius atque Machaon,

---

206 Gunei] fine (*supraser* os) M phines A phineus E F V G Y pheneus R fineus L B C fineus N ‖ 207 Ire *omnes* ‖ 208 cretensis A ‖ 210 menetes E M menites A moenetes L menetis V monetis *ceteri*. ‖ 211 quos — ambit *omnes* ‖ 212 alpius M alpinus, alphinus *ceteri* (alpinor N) ‖ 214 ornarunt M naues (puppes *m* 2 *supraser.*) E puppes *ceteri* ‖ 216 quod M quos *ceteri* (quas Y) (Instructas in Sex duxit, *et* quos duxit *in* septem quos *corr. m* 2 E) ‖ rexit Y , oileus L N V B oleius E olenius M iolius A doricus Y. ‖ 217 ≡ peante L phetonte N A R pheronte Y photonte E phoetante F ferante B (Poeante — sequitur *om.* M N) ‖ dat in arma carinas E tulit arma carinis *ceteri*

206-207 Gunei Ira *scripsi* (*cf. v* 175) Guneus Ire *vulgo* (Guneus Bondam, *Iliad.* II, 748)
210 Menestheus Bondam (*ibid* 552)
211 quot Schrader. — addit Wernsdorf.
212 Thalpius Bondam (*ibid.* 620)
216 Oileos Schrader.

Altaque ter denis sulcarunt aequora proris.
His ducibus Grajae Trojana ad litora puppes 220
Bis septem venere minus quam mille ducentae.
Tum pater ad Priamum mittit Saturnius Irim
Quae doceat fortes venisse ad bella Pelasgos.
Nec mora : continuo jussu capit arma parentis 225
Priamides Hector totamque in proelia pubem
Festinare jubet portisque agit agmen apertis.
Cui fulgens auro cassis juvenile tegebat
Omni parte caput, munibat pectora thorax,
Et clipeus laevam, dextram decoraverat hasta 230
Ornabatque latus mucro; simul alta nitentes
Crura tegunt ocreae, quales decet Hectoris esse.
Hunc sequitur forma melior quam fortior armis,
Belli causa Paris, patriae funesta ruina;
Deiphobusque Helenusque simul fortisque Polites, 235
Et sacer Aeneas, Veneris certissima proles,
Archilochusque Acamasque ferox Antenore creti.

Jamque citam appulerant classem camposque tenebant 222
spurium esse Mueller vidit.

---

222 citam — classem E L cito — cl. M citi — cl. V scitae — cl. A cite — cl. *ceteri* (Iamque illa appulerat classis camposque tenebat I.) || 223 Tum M Y Cum (C *ex corr. in* V.) || 225 petit Y || 226 totam iam I. || 231 Ornarat I. || 233 quam A L *m* 2 tum R S tunc *ceteri* (*suprascr. m* 1 *non* E) || fortis in armis *omnes.* || 236 gratissima Y. || 237 nati M N B.

223 Cum *Kooten, Baehrens*
224 evisse *Schenkl.*
230 clipeus laevam *restituit Baehrens* laevam clipeus *vulgo.*
233 quam fortior armis *correxit Havet* non fortis in armis *vulgo* nec fortis in armis *Baehrens* quam fortibus armis *Kooten in not.* (*cf. enim Verg. Aen.* X, 735) non fortibus armis *Schenkl.*

Nec non et proles generosa Lycaonis ibat
Pandarus et magnae Glaucus virtutis in armis;
Amphiusque et Adrastus et Asius atque Pylaeus.   240
Ibat et Amphimachus Nastesque, insignis uterque,
Magnanimique duces Hodiusque et Epistrophus ingens
Euphemusque ferox clarusque aetate Pyraechmes;
Cum quibus et Mesthles atque Antiphus et bonus armis
Hippothous venere Acamasque et Pirous, < ense   245
Et virtute potens, animique Pylaemenis > una,   245 bis

---

245) *a librariis turpissime foedatum viri docti emendare temptaverunt : hooten
Kootenlique amicum quidam ignotus, Mueller, alii. Hic Pylaemenis mentio fuerit
necesse est : nam e principibus Trojanis quos Homerus libro II memorat, is
solus ab Italico nusquam laudatur. Unum versum perisse mihi certum est, qui
librarios effugerit, fortasse litterarum similium causa; rimam, ut potui, explevi,
ex lectione unius codicis* D *enci, verbum ense assumpsi.*

---

240 Amphionque *omnes* (que *om.* N) (Anfion L) ‖ pylaeus] a⁰¹ lates R
≡ altes (epi *supra ras.*) L fialtes N ephialtes *ceteri.* ‖ 241 Ibat et
L B Ibant et E Ibat F Ibant V M N A ‖ nactesque E nactisque L
natusque M B R naucius, nacius *ceteri*. ‖ 242 rhodius A rodius *ceteri*
‖ epistrophus B epistrofus (f *ex corr.*) L epistropeius E epistropus
ceteri. ‖ 243 Euphymus E Eufimus L Ephimus B Euphimus *ceteri*
‖ pyragmes E pvragmon A piragmes *ceteri*. ‖ 244 mnesteus E
mesteus F (*ut vid.* L *m* 1) menesteus N R nestes M nesteus
ceteri ‖ antiphus E B A antipus *ceteri*. ‖ 245 Ipodomus B Ippodeus
F V C (e *supra lin. m* 1 L) Ipodeus N Ypodeus R Ipodus A Ipodos
(in — domus *corr. m* 2) E Ipotens M Yipodus T Et potus D ‖ acha-
mas D athamas, atamas *ceteri* ‖ uenere (*ante* Acamas) *plerique* ue
≡ ≡ (nere *m* 1 *supr. ras.*) L ucre R uectique A uete V (et *omis
omnes*) ‖ athamasque ferox C (uenere *vel qualquam simile nec* C
nec D *habent*) ‖ pierius C A (*utraque* i *ex corr.* L) piereus F N V D
pigereus E (i *supra alt.* e *m* 2 M) pereuis R peicorus T ‖ enci D
una *ceteri*.

---

240 Amphius *Bondam* (*Iliad.* II, 830). Amphios *Mueller*. — Pylaeus *Bondam
ibid.* 842)
241 Nastes *Bondam* (*ibid.* 870)
242, 243, 244 Hodius, Pyraechmes, Mesthles *Bondam* (*ibid.* 836, 848, 864).
245) Hippothous *Kooten* (*ibid.* 840) Hipp Acamasque ivere *Bachrens* — et

Alcinooque sati Chromiusque atque Ennomus, ambo
Florentes aetate viri, quos Phorcus et ingens
Ascanius sequitur, simul et Jovis inclita proles
Sarpedon claraque satus tellure Coroebus.
His se defendit ducibus Neptunia Troja, 250
Vicissetque dolos Danaum, ni fata fuissent

---

246 Axinono **E G V Y** Anxinono **N** Anxinonum **D** Anxiono **M** Axiono **F** Auxonio **A** Anxioniti (ɪ *prim. in ras.*) **T** Ixinone (ɪ *et* e *ex corr. m* 2ı **L** Exione **R** Hesione **B** ‖ cromius **N** cromus **D** crocius **T** cineus **A** cronius *ceteri* ‖ eunomus *plerique* eunomius **C** ennomius **D** ammonius **T**. ‖ 247 phorcus (fortis *supraser. m* 2) **E** forcus *ceteri* (fortis **V** *marg.*) ‖ 249 corebus **R T** chorebus *ceteri* (borelus **E** *m* 2 *supraser.*) ‖ 251 Vicissent **E L R A I T** ‖ nisi **L** ‖ fata ∥ = fuissent **T**.

246 Alcinoo *Kootenii amicus* (cf *Auson. Epitaph.* XVII, 23, 2 — Alcinooque sati] Ex Enctisque orti *Mueller*.
249 Coroebus] Pylaemen *Baehrens.* Totum versum spurium habet Mueller Sarpedon tamen retinendus est, et de Coroebo non neglegendum est quod Kooten in notis disputavit (cf *Aen.* II, 342); equidem hoc aliquidve simile olim conjeceram: Sarpedon, Lyciis pulcherrima gloria rebus

III

Jamque duae stabant acies fulgentibus armis,
Cum Paris, exitium Trojae funestaque flamma,
Armatum adverso Menelaum ex agmine cernit
Seque velut viso perterritus angue recepit 255
Ad socios amens; quem postquam turpiter Hector
Confusum terrore videt : « O dedecus » inquit
« Aeternum patriae generisque infamia nostri,
Terga refers? at non dubitabas hospitis olim
Expugnare toros, cujus nunc defugis arma 260
Vimque times! ubi sunt vires, ubi cognita nobis
Ludorum quondam vario in certamine virtus?
Hic animos ostende tuos : nihil adjuvat arma

Codices — Lib. III (*omis.* **M N**) || 253 Cum **E L** Tunc **A** Dum *ceteri.*
|| 254 Aduerso postquam menelaum examine uidit **R**. || 260 diffugis
A I difugis **R**. || 262 uario in certamine **L R A I** uaria in certamina
ceteri || uirtus **S** uis est *ceteri.* || 263 nil **B** || armas **L** antas **R** armis
ceteri

257 O *Baehrens restituit* proh *vulgo*
261 vires] artes *Schenkl, Baehrens.*
262 virtus] mens est *Baehrens.*

Nobilitas formae : duro Mars milite gaudet.
Dum jaceas in amore tuo, nos bella geremus   265
Scilicet et nostrum fundemus in hoste cruorem !
Aequius adversis tecum concurrat in armis
Impiger Atrides : spectet Danaumque Phrygumque
Depositis populus telis, vos foedere juncto
Adversas conferte manus, decernite ferro. »   270
Dixit ; quem contra paucis Priameius heros
« Quid nimis indignis » inquit « me vocibus urgues,
O patriae, germane, decus? nam nec mihi conjunx
Pravaque luxuria est potior virtutis honore;
Nec vires temptare viri dextramque recuso,   275
Dummodo victorem conjunx cum pace sequatur. »
Dicta refert Hector; placuit sententia Grais.
Protinus accitur Priamus, sacrisque peractis
Foedera junguntur; post haec decedit uterque
Depositis populus telis, campusque patescit.   280
Interea toto procedit ab agmine Troum
Pulcher Alexander, clipeoque insignis et hasta.

---

265 geramus **A L**. ‖ 266 fundemus R, *Baehrensiani*. ‖ 267 concurret **B A**. ‖ 269 juncto] unctos R. ‖ 270 Aduersi **F** ‖ *Post v.* 270 Quis uestrum melius sit tanta coniuge dignus *marg ascript.* **L A** *et alia manu e vet. cod.* R Vestram nunc elenam sumat quis rectius ipsam **E** *m* 2 ‖ 274 Paruaque *omnes* (Par≡ uaque B). ‖ 276 cum] in **S** ‖ 279 coniungunt **S** ‖ hoc **L Y** ‖ descendit **L F V Y** discedit **M N B** descendit *in* discedit *m* 1 *corr.* **E**. ‖ 281 ab] in **A**.

266 ut — fundamus *edit. veter.*
267 concurret *Baehrens*.
270 et cernite *Higt*.
274 Pravaque *Schrader, Kooten in not* Pronaque *vulgo* Privaque *Wakker, Baehrens*.
279 decedit *Brantsma (cf. Aen. V, 551)*.

Quem contra paribus fulgens Menelaus in armis
Constitit et « Tecum mihi sint certamina » dixit;
« Nec longum nostra laetabere conjuge, quam te   285
Mox rapuisse gemes, tantummodo Juppiter adsit. »
Dixit et adversum se concitat acer in hostem.
Ille virum forti venientem reppulit ictu
Seque gradu celeri recipit longeque trementem
Hastam deinde jacit, quam devitavit Atrides.   290
Inque vicem misso fixisset corpora telo
Praedonis Phrygii, ni vastum ferrea pectus
Texisset lorica viri septemplice tergo.
Insequitur clamor; tum vero adversus uterque
Constitit et galeam galea terit et pede plantam   295
Conjungit, stridetque mucro mucrone corusco.
Non aliter fortes nitida de conjuge tauri

Corpus collectum tegitur fulgentibus armis   297

spurium jam uncis secluserunt Mueller et Baehrens.

---

284 sint **M N B S** sunt **E F V** (u *ex corr.* **L**) || 285 quae *omnes*. || 286 Mox rapuit regem ≡ L M. r. regem B M. r. regem et *fere ceteri*. || 289 trementem **A** frementem *ceteri*. || 291 ferro **B R Y** || nisi **V** ni (si *supraser. m* 1) **L** || nasti ferrea pectus achiui E. || 294 Insequitur clamor tum be u aduersus uterque **R** Insequitur iuxta clamor tum adversus uterque *ceteri* (tunc uersus **E** m 2 **V**). || 295 galea galeam **E**. || 296 contingit m 2 *corr.* **L** coniungens **A** contingens *ex corr.* **B** constringit **S** constringet **Y** conuict **R** || stridetque **Y** (que m 1 *supra lin* **E**) stridet **L**. || 298 de] pro **M N**

285-286 quam te Mox rapuisse gemes *Walker* quae te Mox raptum ire gemet *Baehrens*.
288 vementem *Mueller*, *Baehrens*.
294 *Ita recte Kooten in notis, e cod. Burmanniano* Ins juxta cl.; tum adv.

Bella gerunt vastisque replent mugitibus auras.
Jamque diu rigido captarant corpora ferro, 300
Cum memor Atrides raptae sibi conjugis instat
Dardaniumque premit juvenem mox ense rigente;
Cedentemque retro dum desuper appetit hostem,
Splendidus extremas galeae percussus ad oras
Dissiluit mucro; gemuerunt agmina Grajum. 305
Tum vero ardescit, quamvis manus ense carebat,
Et juvenem arrepta prosternit casside victor
Ad sociosque trahit, et ni caligine caeca
Texisset Cytherea virum subjectaque mento
Fortia laxatis rupisset vincula nodis, 310
Ultimus ille dies Paridi foret. Abstrahit auro
Fulgentem galeam secum Menelaus et ardens
In medios mittit proceres rursusque recurrit
Et magnam validis contorsit viribus hastam
In cladem Phrygii, sua quem Venus eripit hosti 315
Ac secum in thalamos defert testudine cultos.

---

299 ualidisque A. || 300 Atque *plerique* || captabant Y rimabant M N.
|| 301 Tum E. || 303 que *omis. omnes.* || 304 percussit L F V.
|| 305 Disiluit M N desiluit B (*et ita m 1 ex* Diss. *corr.* E) dissoluit A. || 306 Tum *in* Tunc *corr. m* 2 E || 307 rapta Y. || 308 sociosque nisi traeret B sociosque niẗ eret R s. traheret nisi tum Y s tra (h) eretque nisi *ceteri* || 309 uirum *ex* uiri L uenus A R.
|| 310 laxatis rupisset I rupisset laxatis *ceteri* || 313 rursusque YI rursumque *ceteri* || 315 arripit B V R S eripuit M N || 316 Ac R V Ad F Et *ceteri* || cultos (*simul cum* tectos, comtos) Y custos F V cunctos I cinctos S tutos (tectos *m* 2) E tectos *supra ras* B ≡ ≡ ≡ tos (cinc *m* 2 *suprascr.*) L comptos M N factos A

300 Utque — captabant *Hoeufft, Baehrens.* — pectora *Mueller*
308 Ad sociosque trahit; et ni *Baehrens* quem ni *Kooten qui* Venus v. seq. habet quod ni *Mueller* et nisi tum *Wernsdorf in not.*
313 rursusque *ex libris* Guelferb. sec. *et Virg recepi* rursumque *vulgo.*
316 Ac *scripsi* Et *vulgo.* — cultos *cf* Metam. II, 737, *et ita* Wernsdorf, Baehrens (*hic autem in not.* tectum *infelicius conjecit*) tectos *Mueller.*

Ipsa dehinc Helenam muris arcessit ab altis
Dardanioque suos Paridi deducit amores.
Quem tali postquam conspexit voce locuta est
« Venisti, mea flamma, Paris, superatus ab armis   320
Conjugis antiqui? vidi puduitque videre,
Arreptum cum te traheret violentus Atrides
Iliacoque tuos foedaret pulvere crines.
Nostraque, me miseram! timui ne Doricus ensis
Oscula disiceret; toto mihi mente relapsa   325
Fugerat ore color, sanguisque reliquerat artus.
Quis tibi cum saevo suasit contendere Atrida?
An nondum vaga fama tuas pervenit ad aures
De virtute viri? moneo, ne rursus iniquae
Illius tua fata velis committere dextrae. »   330
Dixerat, et largis perfundit fletibus ora.
Tristis Alexander « Non me superavit Atrides,
O meus ardor! » ait, « sed castae Palladis ira.

---

317 accersit V B arcersit E. ‖ 318 suo A. ‖ 319 Que B (L ut vid.)
‖ postquam tali A. ‖ 323 Iliacos — foedauit I. ‖ 325 Disiiceret
E dis ≡ ≡ ceret (cu m 1 suprascr.) L disciderel F V diuideret
M N I diderel A discuteret B ‖ toto E L tota I totus ceteri ‖ relicta
omnes. ‖ 326 calor M N A (et ita ex color m 1 corr E) ‖ 327
suasit contendere E contendere suasit L contendere iussit ceteri.
‖ 328 An E m 2 B R A Y Aut ceteri ‖ russus R ‖ inique E L N.
‖ 331 Dixit tum omnes Baehrensium A I Y (Dixerat R S? de quibus
silet apud Kootenium et Muellerum qui dixerat in textum receperunt)
‖ perfundit L F perfudit E B profundens V M N. ‖ 333 castae B R
(s ex u m 1 corr. L) cau ≡ te E cautae ceteri.

325 disiceret (diss.) Baehrens. — relapsa scripsi revincta Baehrens relictae Anton. de Rooy.
327 suasit contendere Atrida Mueller cont s A. vulgo.
328 inique Baehrens.
331 Dixit, tum — perfudit Baehrens. — Fortasse scribendum est : Dixit, tum largis perfundens fletibus ora, Tristis Alexander.

Mox illum nostris succumbere turpiter armis
Aspicies, aderitque meo Cytherea labori. » 335
Post haec amplexu per mutua corpora juncto
Incubuit membris Cygneidos; illa soluto
Accepit flammas gremio Trojaeque suasque.
Interea toto Menelaus in agmine Troum
Quaerit Alexandrum victorque huc fertur et illuc. 340
Quem frater socias acuens in bella catervas
Adjuvat et forti pulsos Phrygas increpat ore
Servarique jubet leges Helenamque reposcit.

---

336 hoc V ‖ amplexus E F V I amplexis M amplesus (s *ult. eras.*) N complexu S iuncto E m 2 iuncti ≡ L iunctis *ceteri*. ‖ 337 incumbit M N. ‖ 341 Cui L (*et ita* R, *sed* quem *in marg.*) ‖ 342 phryges, phriges, friges *omnes*.

336 pectora *Hgt.*

IV

Cumque inter sese proceres certamen haberent,
Concilium omnipotens habuit regnator Olympi,   345
Foederaque intento turbavit Pandarus arcu,
Te, Menelae, petens; laterique volatile telum
Incidit et tunicam ferro squamisque rigentem
Dissecat : excedit pugna gemebundus Atrides
Castraque tuta petit. Quem doctus ab arte paterna   350
Paeoniis curat juvenis Podalirius herbis
Atque iterum in caedes horrendaque proelia mittit.
Armavit fortes Agamemnonis ira Pelasgos,
Et dolor in pugnam cunctos communis agebat.

Codices — Lib. IV *fere omnes (omis. MN).* || 344 Cumque LMN (et R *in marg ex alt. vet. cod.*) Dumque *ceteri* || 346 aerato S, pindarus MN || 347 telum L (E *m 2 supraser*). ferrum *ceteri Baehrensium* AY || 348 flammis S (*e scamis quod legitur in R*). || 349 Discidit F || tremebundus EMN || 352 incedens Y incedens E || misit A (E *m 2 supraser.*, F *in marg.*) mitit illum (illum *e glossa sine dubio ortum*) B uenit MN uictrix S uictor ELFV

Post 345 *nonnulla intercidisse Bachrens suspicatur*
352. mittit] visit *Bachrens* victor *Mueller qui post v. lacunam significavit.*

Bellum ingens oritur, multumque utrimque cruoris 355
Funditur et totis sternuntur corpora campis ;
Inque vicem Troumque cadunt Danaumque catervae.
Nec requies datur ulla viris ; sonat undique Mavors,
Telorumque volat cunctis e partibus imber.
Occidit Antilochi rigido demissus ad umbras 360
Ense Thalysiades optataque lumina linquit.
Inde manu forti Grajorum terga prementem
Occupat Anthemione satum Telamonius Ajax
Et praedurato transfigit pectora telo :
Purpuream vomit ille animam, sua sanguine multo 365
Arma rigat moriens. Tum magnis Antiphus hastam
Viribus adversum conisus corpore toto
Torquet in Ajacem : telumque erravit ab hoste

---

355 cruoris utrimque Y utrumque cruoris E L G M B utrumque cr. F V N A I utxque cr. R hinc illincque ci. *Gesta Bereng.* || 358 mauors *in* bellum *corr.* E. || 359 ex cunctis M N cunctis ex A ĕunctisque R uolat — imber Y (*Cf. Aen.* XII, 284) uolant — imbres *ceteri.* || 360 omis. L B F V *habent in marg.* E *m* 1 R || rigido] Stygias Y demissus R dimissus Y demersus M N dimersus E diuisus A , ad E A in M N. || 361 omis. B *habet in marg.* R || thalestiades A (— dis *m* 2 E) talesiades R talesiades M N cadit sitades (cadit s *in ras. m* 2) L thales ita des F V. || 362 premuntur A. || 363 amphione E M N B amphibione F V amphy ☰ ☰ one L. || 364 tranfigit Y transfixit *ceteri* corpora M N ferro R B. || 365 cum sanguine mixtam *omnes* || 366 Ora rigat *omnes* || tunc F V R A cum S || magnis] maximus E || 367 aduersam E F V M N A || conatus *omnes* || pectore E *m* 2 A (pectore et corpore *simul ponit* Y).

360 demersus *in veter. edit.* demersus ad *Baehrens.*
361 Thalysiades *Bondam Iliad.* IV, 458).
363 Anthemione *Bondam (ibid.,* 473).
365-366 Locum *aperte corruptum, ut potui, emendavi; post* 365 *unum versum periisse suspicatur Havel.*
367 conisus *Wernsdorf corr. ex Aen* V, 642 et X, 127
368 telum derravit *Baehrens.*

Inque hostem cecidit, namque ictus in inguine Leucus.
Concidit infelix prostratus vulnere tristi 370
Et carpit virides moribundis dentibus herbas.
Impiger Atrides casu commotus amici
Democoonta petit teloque adversa trabali
Tempora transadigit vaginaque horridus ensem
Eripit; ille suis moriens resupinus in armis 375
Concidit et terram moribundo vertice pulsat.
Jamque Amarynciden saxi dejecerat ictu
Pirous Imbrasides dederatque silentibus umbris;
Dumque avidus praedae juvenem spoliare parabat,
Desuper hasta venit dextra librata Thoantis, 380
Perque viri scapulas annosaque pectora transit.

---

369 tunc ictus in R S B (*et ita* E *m* 2) cadit ictus in L cadit cinctus E transfixit in M N Y (*et ita, sed in supra lin.* Y) transfixit et (*in marg.* uel in) F transfixum A " leuchon E Y laucon B leuton A leucon *ceteri.* || 370 tristi M N torti *ceteri.* || 371 gemibundus A moribundus *ceteri.* || 373 Demouonta Y Demophonta *ceteri.* || 374 transadigit L R Y transadiit F V B transegit M N A (E, egit *in ras.*). || 376 Corruit S || gemibundus A moribundus *ceteri.* || 377 Inque marum egeum R Immani aegacum A Inmanem egeum M N (*itaque corr.* L *m* 2) Inque mare egeum *ceteri.* || 278 Pirous] Impiger *omnes* || imb ≡asides Lumbrasides, umbrisiles *fere ceteri* (umbras, i *supra* a E). || 380 uibrata E *m* 2 || tonantis A || 381 annosaque L R A animosaque S per annosa N pannosa M || tempora R B timpora M N tempore S.

369 namque ictus in inguine Leucus *Schrader* (— Leucos *Mueller*) transfixitque inguine Leucon *Baehrens*
370 tristi *Baehrens restituit.*
371 moribundis *Ilgt.*
372 Impiger Acolides *Ilgt.* Impiger ast Itachus *Weytingh* Hinc Laertiades *Bondam.*
373 Democoonta *Bondam (Iliad.* IV 499).
376 Occidit *Wernsdorf, Kooten.*— moribundo *Dussen (cf. Metam* V, 83 et XII, 118).
377 Jamque Amarynciden *Schrader (Iliad.* IV, 517)
378 Pirous *Schrader (ibid.* 520).
381 animosa *Kooten, Mueller praetulerunt.*

In vultus ruit ille suos calidumque cruorem
Ore vomit stratusque super sua palpitat arma.
Sanguine Dardanii manabant undique campi,
Manabant amnes passim; pugnatur ubique, 385
Ardet et immixtis amborum exercitus armis,
Et modo Trojanis virtus, modo crescit Achivis,
Laetaque per varios petitur victoria casus.

---

383 Euomit ore **L** *m* 1. ‖ 384 madescunt **M N** ‖ 385 pugnabat **B** pugna ≡ ≡ (bat *supra ras.*) **L**. ‖ 386 Ardet et immixtis] Immixtis ardet amborum **C** Inmixtus ambor. ardet **V** — ardens **N** — uel ardet *in marg.* **F** It mixtus ambor. ardens **D** Inmixtis ardens ambor. *ceteri.* ‖ *totum versum uncis inclusit Baehrens.* ‖ 387 modo uirtus crescit **M N A**.

385-386 pugnatur ubique, Ardet et immixtis *scripsi* pugnabat ubique Immixtis ardens *vulgo* pugnatur ubique [Inm. ardens, etc.] *Baehrens qui v. 386 spurium habere videtur.*

Hic postquam Danaum longe cedentia vidit
Agmina Tydides tumidumque increscere Martem, 390
In medias acies, qua plurimus imminet hostis,
Irruit et versas prosternit caede phalanges,
Huc illuc ensemque ferox hastamque coruscat.
Bellica Pallas adest flagrantiaque ignibus arma
Adjuvat atque animos juveni viresque ministrat. 395
Ille, boum veluti viso grege saeva leaena,
Quam stimulat jejuna fames, ruit agmina contra
Et prostrata necat vesano corpora dente:
Sic ruit in medios hostes Calydonius heros,
Virginis armigerae monitis et numine tutus. 400

Codices — Lib. V *fere omnes (omis.* M). ‖ 389 Sic L *(sed* h *m* 2 *suprascr.)* N R S Sed Y. ‖ 392 prosternat R ‖ 393 ferox tunc ense coruscat et asta M f. ense q̄ cor. et asta N enseq, f. astaque F *ex corr. erasis virgulis, et* A ‖ cruentat E *m* 2 retorsit Y. ‖ 394 fulgentia A. ‖ 398 *in fine* ferro A. ‖ 400 tecmine tutus *(suprascr.* uel numine duce) F munere S ‖ Virginis et nomen monitis occiugere tutus A

389 Sed *Wernsdorf praetulit*
396 Ille] Atque *Baehrens* Inde *Kooten in not.*
400 armiferae *Kooten, jam Wernsdorf suspicatus erat*

Conversi dant terga Phryges; fugientibus ille
Instat et exstructos morientum calcat acervos.
Dumque ferit sternitque viros, videt ecce Daretis
Adverso stantes furibundus in agmine natos,
Phegeaque Idaeumque simul; quem cuspide Phegeus 405
Occupat ante gravi, sed vulnera depulit umbo,
Vitatumque solo ferrum stetit : haut mora, totis
Ingentem torquet Tydides viribus hastam
Transadigitque viri pectus; pars cuspidis ante
Eminet, et prodit scapulis pars altera fossis. 410
Hunc ubi fundentem calidum de pectore flumen
Versantemque oculos animamque per ora vomentem
Conspexit frater, stricto celer advolat ense
Germaniaque cupit fatorum existere vindex.
Sed neque vim saevi nec fortia sustinet arma 415
Tydidae contraque tamen defendere temptat.

---

402 instructos F M N constructos (ex *m 2 supra* con) L. || 403 ferit R furit *ceteri* || danitis *plerique* (doanus E *m 2 add.*) danit ≡ ≡ N *erasum in* L tonantis A doantis B cloantis R S. || 404 Aduersos F Abuersos R || in agni nates R. || 405 Praegeumque R Pregneumque F Pringeumque S Egeumque M Pregeum E B Praege ≡ um L Pr(a)egneum A V || Phegeus] praepes Y pr(a)eceps *ceteri.* || 406 graui E (*et erasa supra* i *virgula* s *indicanti* L) grauis *ceteri.* || 407 Vitatoque R Vibratumque E *m 2.* || 409 Transadiit E F V Transegit M Transaegit N || 410 Inminet L R ≡ minet (Im *m 2 supra ras.*) E Imminet F V || prodit E || scapulis] humeris A scapulas — fossas R scapulis — fossos E *corr. m 2.* || 411 corpore M N. || 412 *deest in* S. || 414 uictor F. || 415 fortis Y.

402 furit *Wernsdorf, Baehrens receperunt.*
404 fremibundus *Baehrens.*
405 Phegeaque *Hgt (Iliad.* V, 9 sqq.). — Phegeus *Schrader, Hgt.* praeceps *e codd. Wernsdorf retinuit.*
407 Vibratumque *Wernsdorf recepit.*

Ut volucris, derepta sui cum corpora nati
Accipitrem laniare videt, nec tendere contra
Auxilium nec ferre suo valet anxia nato,
Quodque potest, levibus plangit sua pectora pennis : 420
Sic hostem Idaeus germani caede superbum
Spectat atrox miseroque nequit succurrere fratri;
Et nisi cessisset, dextra cecidisset eadem.
Nec minus in Teucros armis furit alter Atrides
Insequiturque acies et ferro funera miscet. 425
Obvius huic fatis occurrit ductus iniquis
Infelix Hodius, quem jactae cuspidis ictu
Sternit et ingenti scapulas transverberat hasta.
Hinc petit Idomeneus adversa ex parte ruentem
Maeoniden Phaestum; cujus post funera laetus 430
E Strophio genitum Stygias demittit ad umbras.

---

417 uolucer *omnes Baehrensiani* (uel cris *supra* cer *m* 2 **E**) ‖ derepta *Helmst* decepta **F V B R A** de ≡ ta (p. *in ras ut vid.*, ce:p *m* 2 *supra ras.*) **L** decerpta **M N S** discerta (*m* 2 *in* decerpta *corr.*) **E**. ‖ 419 neque **E L F V** ‖ fato **Y**. ‖ 420 sua corpora **R** ‖ plaudit **L F** pulsat **M N**. ‖ 423 ni **F V B A** (*m* 1 *in* nisi *corr.* **E**). ‖ 427 rodius *fere omnes* ‖ iacte **R** uastae *ceteri*. ‖ 428 ingentes **B** ‖ diuerberat **Y** transfixerat **E** *m* 2. ‖ 429 aduersa ex parte **A** ex aduersa p. **R B** de aduersa p. **S** aduersa parte *ceteri*. ‖ 430 Meridione satum **E F V Y** Menioque **R** Merione, Myrione *ceteri* ‖ pro funere **F V B** pro uulnere **A**. ‖ lecto **R** laetus *ceteri* (letus **S**). ‖ 431 Et stropio **R** Et strepio **B** Istripio **A** Estrepio *ceteri* ‖ dimittit *plerique* dimisit **E** *m* 2.

417 derepta *Wernsdorf, Baehrens* discerpta — viscera *Barth, Kooten, Mueller*
424 acer *veter. edit., Wernsdorf.*
425 vulnera *id.*
427 Hodius *Bondam* (*Iliad*. V, 39). — jactae *recepit Kooten* (*cf. Aen*. X, 733. vasto *Wernsdorf* vastae *vulgo.*
429 ferit *Schrader, Kooten, Baehrens*. — adversa parte *vulgo.*
430 Maeoniden Phaestum *Schrader* (*Iliad.* V, 43) — laetus *retinuit Mueller* Atrides *vulgo ab Iligtio et Schradero.*
431 E *Baehrens* Et *vulgo.* — Strophio *Schrader* (*Iliad.* V, 49).

Meriones Phereclum vibrata perculit hasta,
Pedaeumque Meges ; tum vastis horridus armis
Eurypylus gladio venientem Hypsenora fundit
Et pariter vita juvenem spoliavit et armis.   435
Parte alia volitat sinuoso Pandarus arcu
Tydidenque oculis immensa per agmina quaerit.
Quem postquam Troum sternentem corpora vidit,
Horrida contento derexit spicula cornu
Et summas umeri destrinxit acumine partes.   440
Tum vero ardescit juvenis Calydonius ira,
In mediasque acies animosi more leonis
Fertur et Astynoum magnumque in Hypirona tendit :

---

432 Merionis puerum *omnes Baehrensiani* (*de ceteris, apud Kootenium, non liquet, nisi quod* Memnonis A Mirismi S) ‖ librata *omnes* ǀ pertulit A S percutit *ceteri*. ‖ 433 Pregeumque megestus *fere omnes* ‖ tum vastis horridus armis] uastis horridus armis (horrendus *m* 2) E uastisque horridus armis *ceteri* ǀ Prigimque petit megestus fortis in armis S. ‖ 434 uetuentem M N uehementem E F V" (h)erpedona *plerique* herp ⸗ (enora *m* 2 *supraser.*) L elpenora E *m* 2 sarpedona A alpenora, sarpedona *conjunctim* Y ‖ 435 iuuenem vita B F V. ‖ 436 uiolat S ‖ pindarus E M N (*et, simul cum* pandarus, Y) ‖ (434 *et* 436 *inter se locum mutaverunt in* R). ‖ 439 Horridaque extendo S ‖ deiexit S direxit *ceteri* ‖ specla R ‖ 440 distrinxit *plerique* — git L F V — guit E *m* 1 *supraser*. percussit S. ‖ 441 Tum *omnes Baehrensiani* Tunc *ceteri* (?). ‖ 442 mediasque] medias E L *m* 1 F V A (*in hoc* Per medias) ǀ moriIeonis R forte leonis (more *supraser. m* 1) E. ‖ 443 astronium *fere omnes* (astranomum F astonium R) ‖ in *om̄s*. *omnes* ‖ hypenora, hyponora *fere omnes* alpenora M N ‖ fundit *omnes*.

432-433 Meriones Phereclum (*Iliad.* V, 59), vibrata perculit, Pedaeumque Meges (*Iliad.* V, 69), *Schrader*. — tum *Mueller*.
434 metuentem *Baehrens* vementem *Mueller* fugientem *Higt*. — Hypsenora *Bondam* (*Iliad.* V, 76 *sqq*).
439 derexit *Baehrens* direxit *vulgo*.
443 Astynoum, Hypirona *Bondam* (*Iliad.* V, 144). — in, tendit *Mueller restituit*.

Cominus hunc gladio, jaculo ferit eminus illum.
Inde premit Polydon Abantaque cuspide forti 445
Et notum bello Xanthum vastumque Thoonem.
Post hos infestus Chromiumque et Echemona telo
Proturbat celeri pariterque ad Tartara mittit.
Tu quoque Tydidae prostratus, Pandare, dextra
Occidis, infelix, accepto vulnere turpi, 450
Dextera qua naris fronti conjungitur imae.
Dissipat et cerebrum galeae cum parte revulsum
Ossaque confossi spargit Tydeius ensis.
Jamque manum Aeneas simul et Calydonius heros
Contulerant jactisque inter se cominus hastis 455
Undique rimabant inimico corpora ferro,
Et modo cedebant retro, modo deinde coibant.
Postquam utrique diu steterant nec vulnera magnus

---

445 polydona *omnes* ‖ athamanta Y. ‖ 446 thoantem E *m* 2 M N S toantem Y oloantum R t (h) oantum *ceteri*. ‖ 447 infestus R infestum A infestos *ceteri*, cronium E R V B cronum L cordium M cormum N cornum F cretonum A, scemona, stemona *omnes*. ‖ 448 Perturbat E *m* 2 F V B. ‖ 449 *deest in* R pindare E (*corr. m* 1) M N (*uel* pandare *suprascr.* Y) pandere L V. ‖ 450 turpi] \p̄i R tristi *ceteri*. ‖ 453 confossi RB (*et* L *ex corr. m* 2) confossa *ceteri* (cum galea Y) tytydius (i *ex corr.*) L tytidius (*an* tydeus *corr.*) E titideius R thitydeius (uel thitieus) Y titideus *ceteri*. ‖ 454 Cumque S Tumque R B Tuncque V Tunc A jactisque] iactis *omnes*. ‖ 456 rimabantque inimico viscera M N ‖ inimico inuincto S ‖ 457 reddebant R. ‖ 458 utrimque L S uterque E F B Y ‖ steterat E Y ‖ magna R manus S.

445-446 Polyidon, Thoonem *Bondam* (Iliad. V, 148, 152).
447 infestos *Mueller, Baehrens*. — Chromium, Echemona *Bondam* (Iliad. V, 159-160).
450 turpi *ego ex Burmann cod.* tristi *vulgo*.
453 Tydeus *Heinsius*.
455 jactisque *Kooten*.

Qua daret infesto Tydides ense videbat,
Saxum ingens, medio quod forte jacebat in agro, 460
Bis seni quod vix juvenes tellure levarent,
Sustulit et magno conamine misit in hostem.
Ille ruit prostratus humi cum fortibus armis;
Quem Venus aethereas genetrix delapsa per auras
Excipit, et nigra corpus caligine texit. 465
Non tulit Oenides animis nebulasque per ipsas
Fertur et in Venerem flagrantibus irruit armis
Et neque quem demens ferro petat inspicit ante
Caelestemque manum mortali vulnerat hasta.
Icta petit caelum terris Cytherea relictis 470
Atque ibi sidereae queritur sua vulnera matri.
Dardanium Aenean servat Trojanus Apollo
Accenditque animos iterumque ad bella reducit.
Undique consurgunt acies et pulvere caelum
Conditur horrendisque sonat clamoribus aether. 475

---

459 infesta M N. ‖ 461 leuarent R Y B (L m 2 suprascr.) mouerent *Helmest* mouebant *ceteri* ‖ 463 humi E humo *ceteri* ‖ 464 aetherias L dilapsa E (*sed corr. m 2*) B delaxa R. ‖ 465 Accipit et *omnes* Acceptque I tegit M N condit V (*et, simul cum texit*, Y). ‖ 466 eonides *plerique* titides N atrides I egides A ‖ animos R S V (s *eras* B) animo M N ‖ 468 sed neque E F M A Nec quoque V ‖ ferro demens A clemens R. ‖ 469 letali A. ‖ 470 Laesa R. ‖ 471 sidereo (siderio S) — marti *omnes* ‖ 472 Dardaniumque F M N R I (que *in* L *eras.*) curat A. ‖ 473 praelia mittit F. ‖ 475 horrendum Y.

461 levarent] moverent *Mueller*, *Baehrens* (*ex Metam.* XII, 432; *perperam, nam librarium semidoctum ex Ovidii versu verbum* « moverent » *huc transtulisse veri simile est*).
462 conisu (?) *Baehrens in not.*
470 Laesa *Kooten recepit*
471 Sidereae matri *Schrader*, *Higt*, *Van Dorp*.

Hic alius rapido dejectus in aequora curru
Proteritur pedibusque simul calcatur equorum;
Atque alius volucri trajectus pectora telo
Quadrupedis tergo pronus ruit; illius ense
Dejectum longe caput a cervice cucurrit;   480
Hic jacet exanimis fuso super arma cerebro :
Sanguine manat humus, campi sudore madescunt.
Emicat interea Veneris pulcherrima proles
Densaque Grajorum premit agmina nudaque late
Terga metit gladio funestaque proelia miscet.   485
Nec cessat spes una Phrygum fortissimus Hector
Sternere caede viros atque agmina vertere Grajum.
Ut lupus in campis pecudes cum vidit apertis,
Non actor gregis ipse comes, non horrida terret
Turba canum; fremit esuriens et neglegit omnes   490
In mediosque greges avidus ruit : haut secus Hector
Invadit Danaos et territat ense cruento.
Deficiunt Grajorum acies, Phryges acrius instant
Attolluntque animos : geminat victoria vires.
Ut vidit socios infesto cedere Marti   495
Rex Danaum, sublimis equo volat agmina circum

---

476 Hic LB Hinc E Hinc FVMXYA aequore S equone R cursu R in aequore cursu *Gesta Bereng.* || 477 Conteritur E m 2 Prostratus F || calcatus *Gesta Bereng.* || 478 volucri] rapido MX || pectora B (L m 2 supraser.) corpora ceteri *Baehrensiani* tempora *Gesta Bereng.* || 479 Cornipedis *Gesta Bereng.* || 480 Deiectumque caput longe R. || 481 Sic FV (L corr. m 2) exanguis Y. || 484 Cunctaque F || 487 atque] simul F || vertere] caedere S. || 488 campo — aperto S || 489 actor AI auctor *ceteri* (auctor M pastor E m 2). || 490 premit omnes. || 493 Difficiunt R Diffugiunt MX. || 494 Extollunt I. || 495 marti R marte ceteri (*hunc versum* Y *non habet*).

490 fremit *Hgt.*

Hortaturque duces animosque in proelia firmat.
Mox ipse in medios audax se proripit hostes
Oppositasque acies stricto diverberat ense.
Ut Libycus cum forte leo procul agmina vidit 500
Laeta boum passim virides errare per herbas,
Attollit cervice jubas sitiensque cruoris
In mediam erecto contendit pectore turbam :
Sic ferus Atrides adversos fertur in hostes
Infestasque Phrygum proturbat cuspide turmas. 505
Virtus clara ducis vires ascendit Achivum,
Et spes exacuit languentia militis arma :
Funduntur Teucri, Danai laetantur ovantes.
Tandem hic Aenean immisso tendere curru
Conspicit Atrides strictoque occurrere ferro 510
Comparat et jaculum, quantas furor ipse movebat,
Viribus intorquet, quod detulit error ab illo
Pectus in aurigae stomachoque infigitur alto :
Ille ruens ictu media inter lora rotasque
Volvitur et vitam calido cum sanguine fundit. 515

---

497 animosque] animos M N || ad praelia A. || 501 herbas] agros A
|| 502 iubam R. || 503 conscendit A I. || 504, 505 *desunt in* I
|| 505 Infestam — turmam M N Infestas — turmas *ceteri* || perturbat
B V turbabat Y. || 508-512 *desunt in* I. || 509 huc S | admisso E
m 2 dimisso V misso Y | contendere Y F contondere B. || 510 stricto
concurrere R Y stricto et concurrere S. || 511 Cum parat A Hinc
parat Y Apparat B Et parat F || quantum *omnes* (quantus L *m* 2
ex corr.) || movebat F N B manebat Y monebat *ceteri.* || 512 de-
pulit *omnes.* || 515 fudit M N (*corr. m* 1 E).

505 Infesta *cf* 680 *et quae narrat Kooten ad nostrum versum; hic autem*
infestus *maluit*
511 quantas — movebat *Hoeufft* quantus — monebat *Ilgt, Kooten.*
512 detulit *Schrader, Ilgt.*

Ingemit Aeneas curruque animosus ab alto
Desilit et valido Crethonaque comminus ictu
Orsilochumque ferit, quorum post funera victus
Paphlagonum ductor Menelai concidit armis,
Antilochique Mydon; post hos Jovis inclita proles   520
Sarpedon subiit funestaque proelia miscet.
Quem contra infelix non aequis dimicat armis
Tlepolemus magno satus Hercule, sed neque vires
Hunc servare patris nec tot potuere labores,
Quin caderet tenuemque daret de corpore vitam.   525
Saucius egreditur medio certamine belli
Sarpedon, fraudisque subit commentor Ulixes
Et septem juvenum fortissima corpora fundit.

---

517 creto ona R credonia Y caetona (e *supra* to) B cretheona *ceteri* (*sic
m 1 ex* crethona *corr.* E). || 518 Tersilocum *omnes* (Thersilochum E
Tersilicum A) || pro funere F V B || uictus B · uictor *ceteri*. || 519 Pafla-
gonum B Paphanum A Falagonum E *m 2 supraser.* Paflagonem
ceteri. || 520 Antilocumque milon *fere omnes* (Antilochusque S).
|| 521 subiit funestaque prelia B in bella subit funestaque L Y
bella funestaque praelia L bella funestaque pr. R bellum
funestaque pr VA bellum hic funestaque pr S in bella funesta
pr. M N bellumque et funera pr F — « *Apparet glossam* in bella
additam ad subiit *turbarum fuisse causam* » (*Buehrens*) — Pro
subiit *codex Helmest habet* sequitur. || 522 Prelia quem contra
non equis viribus audet E || 523 Striptolemus, Triptolomus *fere
omnes*. || 525 tenuique daret A tenuem daret et B || 527 fraudis
subit E || 528 Et VII iuuenum fortissima R S pulcherrima *ceteri*
fudit E N.

---

517 Crethona *Hgt* (*Iliad.* V, 541 sqq.)
518, 520 Orsilochum, Antilochique Mydon *Bondam* (*Iliad. ibid. et* 580)
521 subiit] sequitur *Hernsdorf* bellum *Mueller*
523 Tlepolemus *Bondam* (*Iliad.* V, 628)
528 fortissima *e codd. Burmanniano et Santeniano reposui*

Hinc pugnat patriae columen Mavortius Hector,
Illinc Tydides : sternuntur utrimque virorum   530
Corpora per campos et sanguine prata rigantur.
Pugnat bellipotens casta cum Pallade Mavors
Ingentemque movet clipeum ; quem sancta virago
Egit et extrema percussum cuspide caedit,
Attonitumque simul caelum petere ipsa coegit ;   535
Hic ille aethereo queritur sua vulnera regi
Saucius et magni genitoris jurgia suffert.

---

529 Hic B Huic Y | culmen L Y E *m* 2 lumen C A B   mavortius] fortissimus R. ‖ 530 Illic Y Illuc F   utrumque R. ‖ 533 sacra E Y (Quem *ad Martem, non ad clipeum, Kooten jure referti.* ‖ 534 ledit R cedi ≡ L caedit *ceteri.* ‖ 535 appetere M N petit L | illa R ipsa *ceteri.* ‖ 536 Illic Y Sic ille S ‖ etherio E L.

534 Aegide et *Suringar, Wernsdorf.*
535 ipsa] inde *Baehrens.*

VI

Interea magnis Acamantem viribus Ajax
Interimit, vastumque capit Menelaus Adrastum
Et rapit ad classes manibus post terga revinctis, 540
Ut vivo ducat laetos ex hoste triumphos.
Incumbunt Danai, cedit Troiana iuventus
Tergaque nuda tegit; sensit Mavortius Hector,
Pro Danais pugnare deos validasque suorum
Virginis armigerae subduci numine vires, 545
Continuoque petit muros Hecubamque vocari
Imperat et divae placari numina suadet.
Protinus auratas innuptae Palladis arces

Codices — Lib. VI (*omis.* L M) || 540 posterga B p̅ g̅ R || 541 uiuo ducat Y uiuo ducant E S uiuo deducant R ui deducant L N V (E m2) ui dedecunt A (*qui* Et, *non* Ut *habet*) inde ducant B ducant audi Γ. || 543 tegit] premit A. || 548 armatas *omnes* intacte S || *Hos versus* R *sic exhibet*: Protinus armatas innuptae palladis arces | Exornant cedesque sacras et templa mineruae Iliades subeunt festus altaria sertis || Pro caris genitrix natis et coniuge fundit. *Et ita in* A, *nisi quod versus secundus et tertius inter se locum mutaverunt* (caedes — charis).

545 armiferae *Kvolen.*
548 auratas *Sterk* arquatas *Mueller in textu* (*vel* ornatas *in not.*) elatas *Baehrens.*

Iliades subeunt : festis altaria sertis
Exornant caeduntque sacras de more bidentes. 550
Dumque preces Hecube supplex ad templa Minervae
Pro caris genetrix natis et conjuge fundit,
Interea Glaucus stricto decernere ferro
Cum Diomede parat nomenque genusque roganti,
Quis sit et unde satus, magnis cum viribus hastam 555
Mittere temptabat, temptanti Aetolius heros
« Quo ruis ? » exclamat « quae te, scelerate, furentem
Mens agit imparibus mecum concurrere telis?
Hospitis arma vides, Veneris qui vulnere dextram
Perculit et summo pupugit certamine Martem. 560
Pone truces animos infestaque tela coerce ».
Post haec inter se posito certamine pugnae
Commutant clipeos inimicaque proelia ineunt.
Colloquium petit interea fidissima conjunx

---

549 festisque M N. ‖ 550 *habet* L *in marg. m* 1 *post v.* 546 ‖ de more *cod. Helmest.* ex more L *in marg.* ad templa *ceteri Baerhensiani* Y ‖ bidentes] minerue F M. ‖ 551 *omis.* F V, *add. in marg. m* 1 E; uerba cumque — supplex *in ras.* L ‖ Dumque] Ipsa S ‖ hecube L *in ras.* hecuba *ceteri* (eccuba B). ‖ 552 genetrix N genitrix *ceteri*. ‖ 555 Quis sit B Qui sit *ceteri Bachrensiani* (*ex* Qus *corr.* F) ‖ satus] ferat Y C D *omnes Bachrensiani* (fuerat F) foret *ceteri*. ‖ 558 consurgere R. ‖ 559 Militis R. ‖ 560 pupugit *fere omnes populit* R (purus B *ita ut* r *et* s *ex corr. sint*). ‖ 562 hoc Y. ‖ 563 inuisa E *m*2 inita S ‖ Iincunt L iungunt E mutant B linqunt E *m*2 cum ceteris ‖ Lib. VII R *in marg. et omnes Bachrensiam praeter* M.

551 Hecabe *Mueller*.
555 Quis sit et unde satus *scripsi* Quis sit et unde foret *edit. veter.* Quis sit et unde, ferox *Mueller.* Quis sit et unde, ferus *Baehrens*. Quis sit quidve ferat *Weylingh* (*Cf. Aen.* II, 74, *sed* ferat *e versu praecedenti*, parat, *in nostrum irrupisse valde suspicor*).
560 pupugit *restituit Baehrens* repulit *veter. edit.* populit *Kooten, Mueller*
564 Liber VII *Mueller*.

Hectoris Andromache paruumque ad pectora natum 565
Astyanacta tenet; cujus dum maximus heros
Oscula grata petit, subito perterritus infans
Convertit timidos materna ad pectora vultus
Terribilemque fugit galeam cristamque micantem.
Utque caput juvenis posito detexerat aere, 570
Protinus infantem geminis amplectitur ulnis
Attollensque manus « Precor, o pater optime » dixit,
Ut meus hic, pro quo tua numina natus adoro,
Virtutes patrias primis imitetur ab annis ».

---

566 tenens **M N A** (*et* **L** *ita ut iis ex corr. sit*) heros] Hector **E M N**. || 567 grata] praua **F** parua *ceteri*. || 569 cristamque minantem *vel* menantem **Y** cristamque comantem **R F V A S T** cristasque comantes *ceteri*. || 570 Atque *et* **E** *et* **L** *m*1. || 572 precor o precor **F** rector precor **V** precor iupiter **B**. || 573 Ut meus] Unicus **B** Ut iis **L V** ‖ munera **Y**.

567 grata *conjeci cara Baehrens in textu* (*vel* pura *in notis*) parua *vulgo*
569 cristasque comantes *Koolen, Mueller, Baehrens ex Aen.* III 468.

VII

Haec ait, et portis acies petit acer apertis; 575
Una deinde Paris. Postquam ad certamina ventum est,
Protinus in medium procedit maximus Hector
Grajorumque duces invictis provocat armis.
Nec mora : continuo fraudis commentor Ulixes
Et ferus Idomeneus et notus gente paterna 580
Meriones Grajumque simul dux acer Atrides
Ajacesque duo, claris speciosus in armis
Eurypylus magnoque Thoas Andraemone natus
Quique manum Veneris violavit vulnere tristi
Procedunt; aberat nam Troum terror Achilles 585

Codices — Lib. VII *omis. omnes; cf ad v.* 563. || 575 acies] bellum L.
|| 576 in certamina *omnes Baehrensiani* quod cermina R || est *m*2
add. L, *non agnoscit* R. || 577 processit M N. || 582 duo claris
fere omnes (duos V clarisque L duris M N). || 583 magnus Y.
|| 585 aberat iam *ex* aberant nam *corr.* E.

576 in certamina *Baehrens.*
580 notus] junctus *Weytingh*
582 Ajacesque duo, claris *scripsi* Ajacesque duo et claris *Mueller* Ajacesque duo clari et *Baehrens.*

Et cithara dulci durum lenibat amorem.
Ergo ubi dejectis auratam regis Atridae
Sortibus in galeam magnus processerat Ajax,
Principio jactis committunt proelia telis,
Mox rigidos stringunt enses et fortibus armis   590
Decernunt partesque oculis rimantur apertas
Et modo terga petunt, duros modo fortibus ictus
Depellunt clipeis; ingens ad sidera clamor
Tollitur et vastis impletur vocibus aether.
Non sic setigeri exacuunt fervoribus iras   595
Pectoribusque fremunt vastis, mox dentibus uncis
Fortia terga petunt spumantque per ora vicissim, [598]

Alterni librant gladios et vulnera miscent   597

ejecerunt Weinsdorf, Mueller, nihil hoc nisi glossema est.

---

586 diuum — amores *omnes, praeter* S *qui hunc versum ita exhibet:*
Et dulci cithara raptos lenibat amores. ‖ 587 delectis L deiectus
E B. ‖ 588 pr (a) ecesserat FV. ‖ 589 iactis (tis *ex corr.*) L (R?) iaculis
E A S iacula B iaculans *ceteri* ‖ mittunt B committit F V M N
‖ telis] missis E A miscent B *qui et praelia habet.* ‖ 591 decertant
S ‖ apertis *omnes.* ‖ 592 premunt, modo diros S. ‖ 593 Conpellunt R Expellunt S. ‖ 596 fremunt] petunt *omnes* , mox] modo
omnes. ‖ 597 Alternos E *m*2 A S ‖ uibrant F ‖ gladios] ictus A
praelia M N ‖ 598 petunt R M N premunt *ceteri* (B *supra ras.*)
‖ spumantque] que *omis* M N S spumanique B.

586 durum — amorem *Kooten* diros — amores *Dussen* duros — amores *editio Taurinensis.*

591 apertas *corr. Schrader et Ihql.*

596 fremunt *Kooten* ruunt *Mueller* — mox scripsi; jam *Baehrens* suspicatus erat (vide in ejusd. app. crit.)

598 premunt *Kooten, Mueller* tremunt *Baehrens* — fera ora *Baehrens.*

Fumiferae nubes et crebri fulminis ignes
Jactantur magnoque implentur murmure silvae. 600
Tandem animis armisque furens Telamonius Ajax [602]
Insignem bello petit Hectora, quaque patescit
Nuda viri cervix, fulgentem derigit hastam :
Ille ictum celeri praevidit callidus astu 605
Tergaque summisit ferrumque umbone repellit.
Sed levis extremas clipei perlabitur oras
Cuspis et exiguo cervicem vulnere libat.
Acrius impugnans rursus consurgit in hostem
Priamides nec jam ferro Telamone creatum, 610

Talis Priamides similisque Aeacides armis 601
spurium agnovere Schrader et Iligt.

---

599 Fumiferas (e *supra* as *m*2) E Fumigere (g *et alt.* e *ex corr.*) L ‖ et crebri Y E *m*2 cō ≡ ctaq B concreta M N concretaque *ceteri* ‖ fulminis ignes Y E *m*2 fulmina et ignes M N A fulgura in ignes V fulgura et ignes E fulguraque ignes L F B fulgureque ignes R. ‖ 600 Iactant et A ‖ implentur magno quoque E magno impl. sic F V B magno inpl tum M N. ‖ 602 animo M N S ' armisque E teloque *ceteri* (telo *ex corr* *m*2 L). ‖ 603 patescit L patebat E F M N petiuit B V petit R. ‖ 604 diripit V R dirigit *ceteri* ‖ ensem *omnes*. ‖ 605 omis. L R V, *in marg.* habent B F E (*hic ejus vice in textu hunc versum praebet* · Cedebat iuueni paulum mauortius heros ‖ ictu F. ‖ 607 delabitur A. ‖ 608 Ensis *omnes* ‖ libiat A ledit S. ‖ 609 Acrior M N Y (L *ita ut* or *m*2 *ex corr* sit) Artius A ‖ upugnam B aduersum E in pugnam *ceteri*

---

599 spurium esse *Weytingh*, *fortasse haud perperam*, *arbitratus est qui legere jussit* · — spumaeque per ora vicissim Iactantur — Fumificæ *Kooten* — Fumiferæ nubes concretaque fulgura et ignes *vulgo* Fumiferæ nubes concrescunt, fulgura et ignes *Baehrens*.
604 derigit *Baehrens* — ensem *Mueller*.
605 actu *Baehrens*
608 cuspis *Mueller*.

Sed magno saxi jactu petit: at ferus Ajax
Ingentem clipeo septemplice reppulit ictum
Et juvenem saxo percussum sternit eodem.
Quem levat exceptum Grais inimicus Apollo,
Integrat atque animum; jam rursus ad arma coibant   615
Stringebantque iterum gladios, cum fessus in undas
Coeperat igniferos Titan immergere currus
Noxque subire polum : juxta mittuntur utrimque
Qui dirimant a caede viros; nec segnius illi
Deponunt animos. Tum bello maximus Hector   620

« Quae te terra virum, qui te genuere parentes?   621
Viribus es proles generosa atque inclita » dixit.
At contra referre parat Telamonius Ajax :
« Hesione de matre vides Telamone creatum;
Nobilis est domus et fama generosa propago »   625
Hector ut Hesionae nomen casusque recordat ·

614 ac **S** u (= ut) **B**. ǁ 612 Ingentis clipe ≡ (o *supra ras.*) **L**   repulit **L R B M N** depulit **A Y** reppulit *ceteri*. ǁ 614 *et* 615 *absunt ab* **I**. ǁ 615 Integrat atque **E** Integrat ac **Y** Integratque (que *supra lin.* **L**) *ceteri* ǁ ad] in **E A**. ǁ 616 Stringebantque **E** *m*2 **A** Stringebant *ceteri* ǁ cum fusus **S** confossus **I** ǁ undis **IY**. ǁ 617 cursus **A I**. ǁ 618 utrosque *omnes.* ǁ 619 segnius] sanguinis **R**. ǁ 622 es] o **I**. ǁ 623 Et **L** ǁ conferre **E** narrare **A** ǁ paret **L** ǁ 624 Exiona **A I** Hesiona, Esiona *ceteri.* ǁ 625 omis. **B** ǁ Pro *624, 625, 626 leguntur in* **R** *seqq.* : ǁ Non ait indignor genus egregium memorare ǀ Qui patre sum telamone satus patria salamina ǁ Lactauit frigii quem filia laomedontis. ǁ 626 exionae **A I** esione, asione *fere ceteri* ǁ recordat **L,** *et* **G** *qui hic iterum incipit* recordans *ceteri*.

618 utrimque *Weytingh.*
621-626 *interpolatos sensit Kooten.*

« Absistamus » ait, « nam vis communis utrique »; [627]
Et prior Ajacem fulgenti munerat ense
Inque vicem, quo se bellator cinxerat Ajax,
Accipit insignem vario caelamine balteum.   630
Post haec extemplo Danaum Troumque catervae
Discedunt, caelumque tegit nox atra tenebris.
Implentur dapibus largis Bacchique liquore
Atque avidi placido tradunt sua corpora somno.
Postera cum primum stellas Aurora fugarat,   635
In coetum venere Phryges; tum maximus Hector
Cum sociis memorans hesternae funera caedis
Suadet ut invictis Helene reddatur Achivis
Praedaque quae duros Menelai mulceat ignes.
Idque placet cunctis. Tum saevo missus Atridae   640
Pertulit Idaeus Troum mandata, neque ille
Aut animum praedae aut dictis accommodat aures,

---

627 nam vis] sanguis *omnes* || utrique est M N. || 628 At A I Et *ceteri*
fulgenti] falcato (aurato. i. deaurato) E deaurato V aurato *ceteri*.
|| 630 miro E. || 631 hoc F et L hec *ceteri* (*omis* G Postq, e B)
|| graium troumque R troum graiumque S troum danaumque *ceteri*
|| *635-645 desunt in* I. || 636 martius A. || 637 eternae M N exter-
nae R. || 638 Suasit E *m 2* | elena, helena *omnes*. || 640 tunc — atridi
R. || 642 aut dictis commodat R dictisue accommodat A uel dictis
accommodat Y.

627 nam vis *Baehrens* virtus *Mueller* — utrique est *vulgo*.
628 fulgenti *conjeci* (e falcato *in* Erfurtano *codice*; aurato *glossam esse ad* fulgenti *additam suspicor*) falcato *Mueller* (*Cf. Ovid. Met* I, 717) deaurato *Baehrens*.
— Ajacemque prior aurato *Wernsdorf, Kooten*.
631 Post haec *restituit Baehrens* posthac *vulgo* — Danaum Troumque *scripsi*
Troum Danaumque *ceteri*.
642 Aut animum precibus nec dictis porrigit aures *veter. edit.* (precibus *ex*
prede, prece *et* porrigit *e deterior. codd.*) Aut animum praedae, dictis aut com-
modat aures *Kooten in notis, quod non displicet.*

Ultro etiam castris Idaeum excedere jussit.
Paruit is monitis iterumque ad castra reversus
Troica contemptum duro se reddit ab hoste. 645
Interea Danai confusa caede suorum
Ingentes struxere pyras collectaque passim
Fortia tradiderunt sociorum corpora flammis;
Tum renovant fossas et vallum robore cingunt.

---

643 etiam] de Y | idaeum castris A   cedere M N. || 644 is B his, hic ceteri || regressus R (sed manu recentiore marg. ascr. « in alt. vet. cod. reuersus » || Hoe in versu desinit R. || 645 Troica M N Troi (a) e ceteri || se duro A | reddit] narrat S et in E m 1 supraser. || 646 confusa E confusi ceteri (i in L ex corr. m 2) et E m 2. || 647 Ingentem — pyram A. || 648 tradebant A | tradiderant ceteri. || 649 Dum E Tunc L Et M N | fossas] uires F V B G A S || robora E || firmant G.

644, 645, 646 is, Troica, confusa *Baehrens restituit*.

VIII

Ut nitidum Titan radiis patefecerat orbem, 650
Convocat in coetum superos Jovis et monet omnes,
Ne contra sua dicta velint contendere divi.
Ipse per aethereas caeli delabitur auras
Umbrosisque simul consedit montibus Idae;
Inde acies videt Iliacas dextraque potenti 655
Sustinet auratas aequato pondere lances
Fataque dura Phrygum casusque expendit Achivum
Et Grajum clades gravibus praeponderat armis.
Interea Danaos, ingenti concitus ira,
Priamides agit et gradiens supereminet omnes, 660

Codices — Lib. VIII *fere omnes; omis.* G M N. ‖ 650 Et E *corr.* m2 L nitidis radiis titan M N. ‖ 651 omnes L *ex corr.* orbem G armis *ceteri.* ‖ 652 dicta] iura S. ‖ 653 dilabitur A Y, horas Y. ‖ 655 Unde B I ≡ nde G (Tum uidet acies Y). ‖ 657 expendet E *corr.* m2 expandit S. ‖ 659 conditus Y. ‖ 660 gradiens supereminet omnes] totis grauis imminet armis *fere omnes* (grais M N) totis supereminet armis S totis imminet armis Y.

658 armis] ulnis *Schenkl.*
660 gradiens supereminet omnes *ego* (*Cf. Aeneid.* I, 501) totis gravis imminet armis *vulgo* [armis *capiendum videtur de umeris*.. Totis armis *Samtenius accipiebat pro* « toti exercitui » *KOOTEN*] Sed voces gravis et armis e v. 658 huc irrupisse parum dubito — totis grauis imminet aruis *Baehrens.*

Unum quippe decus Phrygiae; turbantur Achivi
Doricaque ingenti complentur castra tumultu.
Hortatur socios muris inclusus Atrides
Languentesque animos juvenum in certamina firmat.
Princeps Tydides ardentibus emicat armis,   665
Per mediosque hostes immani turbine fertur.
Hic illi occurrit fatis Agelaus iniquis,
Telum immane manu quatiens, quem maximus heros
Occupat et duro medium transverberat ense
Hinc Phrygas Ajacis vastis protectus in armis   670
Teucer agit spargitque leves in terga sagittas
Gorgythiona ferum letali vulnere fundit,
Mox alias acies petit aurigamque superbi
Hectoris obtruncat Quem saxo Troius heros
Occupat excussoque incautum proterit arcu :   675
Ast illum fidi rapiunt de caede sodales
Prostratumque levant. Ruit undique turbidus Hector
Adversasque acies infesta cuspide terret.
Sic rursus Danai turbati caede suorum

---

661 phrigum S || 665 eminet A || 667 Tunc M N A || egeus *fere omnes.*
|| 668 manu quatiens] ferens dextra S || 670 Hin L Hic F M || contentus B || 671 spargit (que *add.* m 1) E sparsit L (agitque leues torquet que in t. s F). || 672 Corithiona *fere omnes* (Conchiona A Cretheona E *m* 2). || 674 troius L troicus M (E *m* 2) || 675 excussoque L M N excussumque *ceteri* (que *oms* F) || incautum M N extento F V G A S extemplo Y ex toto E L || 676 Atque M N. || 678 Aduersaque L || inuisa A inuiso (*m* inuisa *m* 2 *corr.*) E uniuersa B inuersa *ceteri.* || 679 Sed (*vel* S,) omnes (*hunc versum* omis. B).

667, 672 Agelaus, Gorgythiona *Bondam (Iliad* VIII, 257 *et* 302)
675 incautum] extentum *Baehrens*
678 Adversaque acies inversas c. l. *Baehrens; sed cf.* 903.
679 Sic *Mueller restituit.*

Convertunt, iterumque leves in castra catervae 680
Confugiunt portasque objecto robore firmant.
At Phryges obsidunt inclusos aggere Grajos
Excubituque premunt muros flammisque coronant.
Cetera per campos sternunt sua corpora pubes
Indulgentque mero, curis animosque resolvunt. 685

|| 680 in] ad Y. || 681 portasque] que *omis. omnes Baehrensiani*.
|| 683 Excubiisque E *m* 2. || 684 sternit B G. || 685 curas *omnes*
|| reuoluunt A I.

685 curis animosque resolvunt *Wernsdorf* curasque *Higt, vulgo.*

IX

Attoniti Danaum proceres discrimine tanto
Nec dapibus relevant animos nec corpora curant,
Sed miseri sua fata gemunt. Jam, nocte recepti,
Legatos mittunt dextramque hortantur Achillis,
Ut ferat auxilium miseris. Thetideius heros   690
Nec Danaum capit aure preces nec munera regis
Ulla referre cupit; non illum redditus ignis
Atque intacta suo Briseis corpore movit:
Irrita legati referunt responsa Pelasgis.

Et dapibus curant animos lenique sopore   695

Codices — Lib. IX E L *omis. cet.* ‖ 688 tamen hoste E sic hoste IV atque hoste B hosteque L F hostique S mox hoste *ceteri* (*et ita* C D T, *in hoc autem* hoste *ex* hosti *rubr. lineam. corr.*) ‖ repulsi I repulso *ceteri* ‖ 690 miseris] Danais Y ‖ thetideius A at thidideius G at thetidis M at thetius S attecius B tetidius (at tecius *m*2 *corr.*) E t (h) etideus *fere ceteri* ‖ *691-732 in* I *desunt.* ‖ 692 ferie cepit L ferre accepit (*corr m*2) E ‖ non] nec enim G. ‖ 693 At S Aut *ceteri* ‖ 694 mandata S ‖ 695 Nec S.

688 maesti *Kooten* — Jam nocte recepti *scripsi* mox hoste repulso *vulgo* tamen hoste repulso *Baehrens*
690 Nereius heros *Kooten* (*cf.* 938) at Thessalus heros *Mueller.*
692 non] neque enim *Wernsdorf*
693 Atque *Baehrens in not.*
695 *Jam uncis inclusit Baehrens* — Ili *Weytingh*

X

Ulterius tenebrae tarde labentibus astris [696]
Restabatque super tacitae pars tertia noctis,
Cum Danaum jussu castris Aetolius heros
Egreditur sociumque sibi delegit Ulixem,
Qui secum tacitae sublustri noctis in umbra   700
Scrutetur studio, quae sit fiducia Troum
Quidve agitent quantasve parent in proelia vires.
Dumque iter horrendum loca per non tuta paventes
Carpebant, venit ecce Dolon, quem Troia pubes
Miserat, ut Danaum sollerti pectore vires   705
Perspiceret sensusque ducum plebisque referret.

Codices — Lib. X E Lib. IX F V B *omis. cet.* ‖ 696 Alterius Y S B E *m* 2 tenebrae] noctis E *m* 2 ‖ tardis E L B V Y S (F?). ‖ 698 Tum Y | Cum iussu danaum S. ‖ 699. Aggreditur E. ‖ 700 sublustre L sublustrę E sublustris B. ‖ 702 Quid uel agunt Y ‖ quantasue habeant E quantasque parant S. ‖ 703 Cumque E L | non tuta] notata E F B M N noctata L nocturna E *m* 2 A Y S B nota V secreta G. ‖ 705 solerter L. ‖ 706 Prospiceret M N A Conspiceret Y Aspiceret B (*et* S *qui hunc versum supraponit post* 702).

696 Altera transierat *Wernsdorf.*
697 super tacitae] *malim* soporiferae.
700 tutae *Baehrens.*
703 non tuta *ego* non nota *Baehrens* montana *veter. edit.* secreta *Wernsdorf* nocturna *Kooten in not., Mueller.*

Quem procul ut vidit socius Diomedis Ulixes,
Abdiderunt occultantes sua corpora furtim
Post densos fructices, dum spe percussus inani
Tros Eumediades cursu praecederet illos,   710
Ne facile oppressus gressum in sua castra referret.
Post ubi transierat fidens animoque manuque,
Prosiluere viri juvenemque evadere cursu
Conantem capiunt ferroque manuque minantur.
Ille, timore pavens, « Vitam concedite » dixit   715
« Hoc unum satis est; quodsi perstatis in ira,
Quanta ex morte mea capietis praemia laudis?
At si cur veniam tacitis exquiritis umbris :
Maxima Troja mihi currum promisit Achillis,
Si vestras cepisset opes. Haec dona secutus   720
In dubios casus, coram quod cernitis ipsi,
Infelix cecidi. Nunc vos per numina divum,
Per mare, per Ditis fluctus obtestor opaci,
Ne rapere hanc animam crudeli caede velitis.
Haec pro concessa referetis dona salute :   725
Consilium Priami remque omnem ex ordine gentis

---

708 Addiderant L Abdiderant *ceteri*. ‖ 709 Per A (G?) ǀ perculsus E (*corr. m*2), G progressus S confixus B. ‖ 710 Troius eumenides *omnes* (Troianus iuuenis E Eumenides troi ‗ lus V). ‖ 711 oppressum MN ‖ gressum in sua] gressum sua E L gressum ad sua MN gressus in F. ‖ 712 transierant fidi L. ‖ 714 rapiunt E. ‖ 716 quod (sed *m*2) si ≡ E sic (*omis.* quod) L. ‖ 717 praemia] munera Y. ‖ 718 At B Aut *fere ceteri* ‖ promittit G V. ‖ 721 quod L S cum B quos *ceteri*. ‖ 726 priami remque omnem ex EA priami uobis remque BMN priami regis remque FVG uobis priami totam remque L.

708 pectora *Mueller*.
710 Tros *Schrader* Eumediades *Mueller* Eumedides *Schrader* (*Iliad.* X, 314)
716 quodsin *Baehrens*.
726 Consilium Priami totam remque ord g. *Baehrens*.

Expediam Phrygiae ». Postquam quid Troja pararet
Cognovere viri, fauces mucrone recluso
Diffindunt juveni : post haec tentoria Rhesi
Intrant atque ipsum somno vinoque sepultum   730
Obtruncant, spoliantque virum, fusosque per herbam
Exanimant socios; tristi tum caede peracta
Praeda umeros onerant, multo candore nitentes
Thracas equos rapiunt, quos nec praecederet Eurus
Nec posset volucri cursu superare sagitta.   735
Inde iterum Argolicas primae sub tempore lucis
Ad classes redeunt, quos Nestoris excipit aetas
Ac recipit portis. Postquam sua castra tenebant,
Facta duci referunt : laudat Pelopeius heros,
Fessaque jocundae tradunt sua membra quieti.   740

---

728 Agnouere A | reclusas G. || 729 Diffindunt] Detrudunt omnes (Detruncant A) || iuuenis F V B G E m 2 A posthoc A temptoria regis M N (Rhesi omis. B). || 730 uino somnoque S. || 731 uirum S uiros ceteri (omis. B) " herbas E A Y. || 732 tristi tum B tum (vel tunc) tristi ceteri. || 734 Tracis G Trois I Traces ceteri [praecedere currus I. || 735 uolucris M N Y celeri S. || 736 Ab hoc versu quae leguntur usque ad v. 779 non apparent in I " iterum] quidem E || primo E .n 2 || tempora B N || 737 excipit M N suscipit L accipit ceteri. || 738 claustra A. || 740 Fusaque L.

729 Diffindunt Mueller Pertundunt Baehrens Detrudunt servat Heytingh qui v praecedenti legit mucronem fauce reclusum: — juvenis praetulit Wernsdorf
731 viros vulgo armis Baehrens.

XI

Lux exorta viros in pristina bella remisit,
Instaurantque animos recreato milite pugnae
Dardanidum Danaumque duces : volat undique nubes
Telorum, ferro ferrum sonat, undique mixtis
Inter se strident mucronibus : instat utrimque   745
Densa acies, mixtusque fluit cum sanguine sudor.
Tandem ferventi Danaum rex concitus ira
Antiphon ingenti prostratum vulnere fudit
Pisandrumque simul fratremque ad bella ruentem
Hippolochum; post hos gladio petit Iphidamanta.   750

Codices — Lib. XI E L X B F V *omis. ceteri* (liber octavus *Edit. Fan.*)
|| 741 Luxit terra L Nox exorta S remittit S coegit T. || 743 Dardanium *omnes* (i *in* E *m*1 *supraser.*) || 744 Telorum E L B G Telorumque M N Telorum et *ceteri* ferrum ferro A ferrum de ferro S (*verba* et ferro — 746 acies *habent gesta Bereng* II, 272-274). || 745 stridens E utrique L. || 746 mixtusque fluit M N. || 748 Antiphonum A Anthifonem E Antiphonem *ceteri* || fudit A *et omnes Baehrensiani praeter* E (fūdit). || 749 T (h) esandrum. T (h) essandrum *fere omnes*. || 750 Hypolitum L Yppolytum E (h) ip (p) olitum *fere ceteri* petit amphidomanta E *m*2 *supraser.* petit amphidamanta A petit amphidamantem G *m*2 *in ras.* ferit ille dolore E *et ceteri Baehrensiani* (*cf. v. seq.*).

744, 745 Telorum et *vulgo, Baehreas* mixtis — mucronibus] fluctu — mucrones *Baehrens*
748 fudit *Baehrens* fundit *ceteri*.
749, 750 Pisandrum, Hippolochum *Bondam (Iliad.* XI, 122.

Hic regis dextram frater ferit; ille dolore
Acrior accepto fugientem Antenore natum
Persequitur traxitque ferox cum vulnere poenas.
Hector tum pugnae subit acri concitus ira
Priamides et percussos agit undique Grajos;   755
Nec Paris hostiles cessat prosternere turmas
Eurypylique femur contento vulnerat arcu

---

751 *omiserunt plerique, add. m.* 2 E G ‖ Hic regis A G *m* 2 Hinc fratris E *m* 2 Y Hic frater *ceteri* (?) ‖ frater] gladio E G *m* 2 ‖ 752 *deest in* S ‖ fatum (satum?) L. ‖ 753 Prosequitur L M N ‖ feras A simul B. ‖ 754 acri concitus *in ras.* E acrique concitus N *m. rec. corr.* acri quoque concitus M acri incitus B acerque incitus S acrique incitus *ceteri* ‖ 756 turmas *et* turbas Y ‖ 757 extento A

751 Hic regis dextram frater ferit *Santen, et ita Baehrens* Hinc frater regis dextram ferit *Wernsdorf* Hic frater dextram gladio ferit *Kooten Mueller* (Huic *Weytingh*).

XII

Incumbunt Troes, fugiunt in castra Pelasgi
Viribus exhaustis et vastis undique firmant
Obicibus muros. Tum saxo Martius Hector   760
Perfringit portas ferrataque robora laxat.
Irrumpunt aditus Phryges atque in limine primo
Restantes sternunt Grajos valloque catervas
Deturbant, alti scalas in moenia poscunt
Et jaciunt ignes : praebet victoria vires.   765
De muris pugnant Danai turresque per altas
Saxa volant, subeunt acta testudine Troes
Ascenduntque aditus et totis viribus instant.
Turbati fugiunt omnes, en, castra Pelasgi
Et scandunt puppes; urguet Trojana juventus   770
Telaque crebra jacit : resonat clamoribus aether.

Codices — Lib. XII **E L** XI **F V** *omis. cet.* || 760 cum **E L G S** ; martius *vel* maximus **Y**. || 762 lumine *et* lumine **Y**. || 763 Perstantes **Y** graias **S** || 764 Proturbant **E Y** Perturbant **A** [in] ad **M N A** || poscunt **E L M N** ponunt *ceteri*, **E** *m* 2. || 766 turresque] pubesque **L** *omis*. B. || 767 fracta **Y**. || 768 totis] portas **L** portis *ceteri*. 769 in *omnes*. || 770 turres **M N A** || instat **S**.

762 aditu *Mueller*.
765 praebet] geminat *veter. edit.*, *Wernsdorf, Kooten*
768 portis *defendit Wernsdorf in not*
769 en *scripsi* hinc *Wakker* jam *Baehrens*.

XIII

Neptunus vires Danais animumque ministrat.
Pugna ingens oritur, furit istinc hostis et illinc.
Idomenei dextra cadit Asius; Hector atrocem
Amphimachum obtruncat, nec non occumbit in armis 775
Anchisae gener Alcathous, quem fuderat ense
Magnanimus ductor Rhythieus; tum fervidus hasta
Deiphobus ferit Ascalaphum mergitque sub umbras.

Codices — Lib. XIII **E L** XII **F V** *omis cet.* ‖ 773 Pugnant ignes **L.** ‖ 774 Idomenei dextra **F V G Y** Idonei dextra **M** Dumenei dextra **A** Dextra idomenei *ceteri* (idum., idom., ydom.). ‖ 775 Amphimacumque obtruncat **E M N** Amphimac (h) rum obtruncat **F V G** Truncat et amfigrachum **B** ‖ procumbit **B G** incumbit **S**. ‖ 777 *omis.* **L** ‖ ret (h) eus *fere omnes* tideus **A** ‖ hastis **A** ira **S**

774 Dextraque Idomenei *Baehrens.*
777 Rhythieus *Kooten in not.* Cretum *Wernsdorf.*

XIV

Hector ubique ferox violento pectore saevit,
Quem saxo ingenti percussum maximus Ajax   780
Reppulit et toto prostratum corpore fudit.
Concurrit Trojana manus juvenemque vomentem
Sanguineos fluctus Xanthi lavere fluento.
Inde iterum ad pugnam redeunt, fit maxima caedes
Amborum, et manat tellus infecta cruore.   785
Polydamas valido Prothoenora percutit ictu,
Archilochumque Antenoriden Telamonius Ajax,
Boeotumque Acamas Promachum, quem sternit atrocis
Penelei dextra; inde cadit Priameia pubes.

Codices — Lib XIV E L XIII F V *om. cet.* ‖ 779 ubique] ubi L ‖ corpore A I, t 780-797 *in* I *desunt* ‖ 781 Repulit E L N Depulit *ceteri*; prostrato E, fundit A I. ‖ 782 Occurrit (Concurrit *m* 2) E ‖ v. 783-785 *abscissi in* G. ‖ 783 xantho A. ‖ 785 et manat] exmanat L manat A manat ≡ E ‖ infacta cruore L. ‖ 786 perculit E V M N ‖ 787 Amphiloc (h) umque *fere omnes*. ‖ 788 atrocis L B atrocem *ceteri*.

782 Accurrit *Mueller*.
783 fluentis *edit. veter.*
787 Archilocum *Bondam Iliad.* XIV, 462 *sqq.*
788-9 atroci Peneleus dextra *Wernsdorf in not.*

XV

Acrius assurgunt Troes; at Achaica turba 790
Pulsa metu vallumque et muros aggere saeptos
Transiliunt, alii fossas voluuntur in ipsas.
Advolat interea Danaum metus impiger Hector.
Confugiunt iterum ad classes Agamemnonis alae 795
Atque inde adversis propellunt viribus hostem.
Fit pugna ante rates; saevit Mavortius Hector
Et poscit flammas totamque incendere classem
Apparat; huic validis obsistit viribus Ajax,

Instaurantque manus, cedit Pelopea juventus 791

Codices — Lib. XV L (E?) om. cet. || 790 adsurgunt L insurgunt M N Y
at V ad F B Y et E M N (et ita L si recte vidit Baehrens) || achaica
L F dorica Y achaia ceteri [turba] bella omnes. || 791 add mg m2 E
omns fere ceteri omnes || pelopeia E || 793 fossas — ipsas M N fossis
— ipsis A fossa ≡ — ipsa F fossa — ipsa ceteri. || 795 Effugiunt E
|| 796 inde] etiam Y || aduersum A hostes G || 797 ad naues
(ante rates suprascr. m 2) E. || 798 Exposcit I. || 799 Apparat huic]
Approperat I || huic] hinc E F M obsistere I, Baehrensiani
disistere L

790 insurgunt Mueller — turba Baehrens.
791 jam seclusit Baehrens.
799 obsistere praetulerunt Mueller et Baehrens.

Stans prima in puppi, clipeoque incendia saeva 800
Sustinet et solus defendit mille carinas.
Hinc jaciunt Danai robustae cuspidis hastas,
Illinc ardentes taedas Phryges undique jactant :
Sudor per vastos pugnantum defluit artus.

---

804. Sudor per fessos (sed punctis a m 1 appositis per fessos sudor corr.) E Per uastos sudor ceteri.

804 Sudor per vastos scripsi Per vastos sudor vulgo.

XVI

Non valet ulterius cladem spectare suorum   805
Patroclus subitoque armis munitus Achillis
Provolat et falsa conterret imagine Troas.
Qui modo turbabant Danaos animisque fremebant,
Nunc trepidi fugiunt : fugientibus imminet ille
Proturbatque ferox acies vastumque per agmen   810
Saevit et ingenti Sarpedona vulnere fundit
Et nunc hos curru, nunc illos praeterit ardens
Proeliaque horrendi sub imagine versat Achillis.
Quem postquam socias miscentem caede catervas
Turbantemque acies respexit fervidus Hector,   815

Codices — Lib. XVI E L XV F V *om. cet.* ‖ 806 munitus] immitis I protectus Y. ‖ 807 Prouolat B I (—*et* aduolat Y) Preuolat S Prouocat E L Auolat F Aduolat *ceteri* ‖ consternit L ‖ troias E ‖ 808 animisque M N animosque L I animoque *ceteri* ‖ *v. 810-812 abscissi in* G ; *810-814 desunt in* I ‖ 810 Perturbat L E m2 F A Y ‖ ferax L aciem Y S. ‖ 811 Saeuit A Pergit S Sternit *ceteri* ‖ ingentem F ‖ fudit E L N. ‖ 812 curru A cursu *ceteri* ‖ pr (a) eterit L F V Y proterit *ceteri*. ‖ 813 Taliaque A S. ‖ 815 aciem I ‖ conspexit A.

808 animisque *e codd. monacensibus scripsi, idem jam Hlgt conjecerat; quod nec Kootenio displicebat.*
811 Fervit *Mueller.*
812 cursu *Baehrens.*

Tollit atrox animos vastisque immanis in armis
Ocurrit contra magnoque haec increpat ore :
« Huc age nunc converte gradum, fortissime Achilles ·
Jam nosces, ultrix quid Troica dextera possit
Et quantum in bello valeat fortissimus Hector.   820
Nam licet ipse suis Mavors te protegat armis,
Invito tamen haec perimet te dextera Marte ».
Ille silet spernitque minas animosaque dicta,
Ut quem mentitur verus credatur Achilles.
Tunc prior intorquet collectis viribus hastam   825
Dardanides, lapsam celeri quam decipit astu
Patroclus redditque vices et mutua dona ;
Obicit et saxum magno cum robore missum [827 bis]
Quod clipeo excussum viridi tellure resedit.
Tunc rigidos stringunt enses et cominus arma
Inter se miscent, donec Trojanus Apollo   830

---

817 Concurrit S | haec] hunc B G V hec uerba L. ‖ 818 Huc age
huc *omnes* (*praeter* A?) ‖ 819 quid — dextera *in ras.* E ‖ troia
L troiae E poscit L N. ‖ 820 in omis. A valeat] possit B G F V
(*et* S *in quo* possit bello). ‖ 821 Iam F V S ille E. ‖ 822 perimet
haec tamen G. ‖ 824 Atque mentitur L Vel quia mentitus I. ‖ 825
Tum I " prius G primum V. ‖ 826 quam prolapsam celeri excipit
ictu *omnes* (perlapsam I). ‖ 827 *bis* ingenti cum pondere missum M
cum ingenti ≡ pondere magnum E *in 2 mg.* multo cum p. missum
A *mg.* L *ing.* (*ante hunc v. legitur in* L : Viribus extortis telum
contorsit in hostem, *et pro eo legebatur in* A : Viribus et telum
totis contorsit in hostem). ‖ 828 Quam — excussam B. ‖ 829 arma
E armis *ceteri*, E *in 2*.

818 Achille *Santen*.
819 Troia *Kooten*, *Mueller*
826 lapsam celeri quam decipit astu *scripsi* quam prolapsam celer excipit ictu
Mueller (celer *ex* Frochdu *correct.*) celere excipit actu *Bachrens*
827 *bis* ejecerunt *Mueller*, *Bachrens*.

Mentitos vultus simulati pandit Achillis
Denudatque virum; quem bello maximus Hector
Pugnantem falsis postquam deprendit in armis,
Irruit et juvenem nudato pectore ferro
Traicit et victo Vulcania detrahit arma.   835

---

831 subuersi **S**. ‖ 832 Denudat utrum **L**. ‖ 834 et] in **I**. ‖ 835 uictor **B E** *m* 2 ‖ detulit **L**.

XVII

Vindicat exstincti corpus Telamonius Ajax
Oppositoque tegit clipeo. Priameia pubes
Laetitia exsultat, Danai sua funera maerent.

Codices — Lib. XVII E L XVI F omis. ceteri, v. *836-838 abscissi in* G.
|| 836 extinctum A I. || 837 priamea L. || 838 uulnera M N B
|| deflent A || plangunt S

838 exsultant *Kooten e deterior. cod.* — sua] dum *edit. veter.*

XVIII

Interea juvenis tristi cum pube suorum
Nestorides in castra ferunt miserabile corpus.   840
Hic ut Pelidae devenerat horror ad aures
Palluit infelix juvenis; calor ossa reliquit,
Unguibus ora secat, comptos in pulvere crines   845
Deformat scinditque suas de pectore vestes

    Membra simul lacrimans materno nectit amictu   843
    Deflens Aeacides tristi de caede sodalis.   844

Codices —Lib. XVIII E L XVII F XVI V *omis. ceteri.* ‖ 839 iuuenes S (L *si Kootenio cred.*) | tristis I. ‖ 840 ferunt] refert F G tulit M. ‖ 841 Hic E N B Tunc I F V M G Nunc L ‖ ut] et I ‖ pelidis A ‖ diuerberat horror ad aures I aures diuerberat horror *fere ceteri* ‖ 842 iuuenis *omis.* F ‖ 843 Tristia membra simul mat. B (A S ?) ‖ tersit G uestit I Y | amore A. ‖ 844 tristis E F G B S. ‖ 845 comptos V M B cunctosque L I comptosque *ceteri.* ‖ 846 scinditque etiam A scindit firmas *ceteri* ‖ corpore I.

    841 Hic ut Pelidae devenerat horror ad aures *Kooten* (« *Sane hoc fere ordine verba exhibet codex Virgilianus* »). Hic aures ut Pelidae deveneiat horror *Mueller* Hic Pelidae aures ut dirus verberat horror *Baehrens.*

    843, 844 *uncis incluserunt Mueller et Baehrens, jam 843 suspectus erat Kootenio, 844 spurius.*

    845 comptos dein pulvere *Baehrens.*

    846 scinditque suas *Wakker, Weytingh, Baehrens* scindit firmas *vulgo*

Et super exstincti prostratus membra sodalis
Crudeles fundit questus atque oscula figit
Mox ubi depositi gemitus lacrimaeque quierunt,
« Non impune mei laetabere caede sodalis,   850
Hector, » ait « magnasque meo, violente, dolori
Persolves poenas atque istis victor in armis,
In quibus exsultas, fuso moriere cruore ».
Post haec accensus furiis decurrit ad aequor
Fortiaque arma Thetin supplex rogat : illa relictis 855
Fluctibus auxilium Vulcani protinus orat.
Excitat Aetnaeos calidis fornacibus ignes
Mulciber et validis fulvum domat ictibus aurum.
Mox effecta refert divinis artibus arma
Et donat Thetidi. Quae postquam magnus Achilles   860
Induit, in clipeum vultus convertit atroces.
Illic Ignipotens mundi caelaverat arcem

    Sideraque et liquidas redimitas undique Nymphas   863
    Fecerat et mira liquidas Nereidas arte   863 *bis*
    Oceanum terris et cinctum Nerea circum.   864

---

847 properatus **L**. ‖ 849 deposuit **F** depulsi (*vel* depositi *mq*) **G**. ‖ 851 magnasque **MX** magnoque *ceteri* dolore **GMNAY** *E corr. m 2*). ‖ 855 thetis **LV** thetis **F** theti **I**. ‖ 858 Mulcifer *omnes Baehrensium* [calidis **E** ignibus *omnes*. ‖ 859 refert] ferens **E** *m 2* (**AS**?). ‖ 860 Et donat **Y** Adnolat **G** Euolat *ceteri* ‖ thetidi **Y** et thetidi **I** et theti (*vel* thedi) **L** ad thetin **E** *m 2* **S** et thetis **FVGMN** inde thetis *in ras* **E** ‖ *v. 861-863 abscissi in* **G**. ‖ 862 aves **Y**. ‖ *863, 863 bis, 864 seclusit Mueller; ineptissimos versus 863 et 864 a librario quodam in margine scriptos esse opinor; versum 863 bis post 874 I exhibet, iterum ponunt* **EL**, *quem in eo fere loco, ut videbis, cum Baehrensio reposui.*

851 magnasque *Wernsdorf, Kooten in not., Higt* magnoque *vulgo*.
858 ictibus *Kooten*.
860 Et donat Thetidi *Wernsdorf e Guelferbyt. secundo.* Devolat inde Thetis *editio Fanensis, Weytingh* Devolat atque Thetis *Mueller* Evolat inde Th. *Baehrens*.

Astrorumque vices dimensaque tempora noctis, 865
Quattuor et mundi partes, quantum Arctus ab Austro
Et quantum occasus roseo distaret ab ortu,
Lucifer unde suis, unde Hesperus unus uterque
Exoreretur equis, et quantus in orbe mearet
<Sol. . . . . >[869 bis]
Luna cava et nitida lustraret lampade caelum; 870
Addideratque fretis sua numina, Nerea magnum
Oceanumque senem nec eundem Protea semper,
Fecerat et liquidas mira Nereidas arte
Tritonesque feros et amantem Dorida fluctus;
Terra gerit silvas horrendaque monstra ferarum 875
Fluminaque et montes cumque altis oppida muris,
In quibus exercent leges animosaque jura
Certantes populi; sedet illic aequus utrisque
Judex et litem discernit fronte serena.

---

865 Astrorum E G Annorum *ceteri, et ita Gesta Bereng. quae 865-867 habent.* || 866 arctus E (o *supra* u m 2) G, *Gesta Bereng.* arctous S artos B arcton V artus *ceteri* (aquilo I). || 867 *omisit* L m 1 || distaret] consistat *Gesta Bereng.* || 869 Exornatur E L (*in hoc corr.* m 1) Exornatur A Exoriretur *ceteri* (Exoreretur Y, *si Kootenio cred.*) || aquis B A Y S : et quantus G et quantūs E quantumque S quantum quoque V et quantum *ceteri* || in ore L ˙ micaret A. || 869 *bis. — Lacunam unius versus statuit Mueller, sic fere explendam Baehrensio auctore* : Phaebus ut inferius fraterno curreret igni. || 870 Luna cava et nitida] Quantum et cornuta G ˙ nitida] liquida A ˙ caelum] terras S. || 871 nec] et I. || 873 cf. *in apparatu 863.* || 874 feros S (feros *ex* ferox *corr.* E). || 876 cumque altis moenibus urbes *superscript* Y. || 877 annosaque M aniosaque B *de* L *non constat.* || 878-879 sedet *etc.*] illic equus utrique iudex Considet ut litem discernat *etc.* I || lites A ˙ decernit E B || serenus L

869 et quantus in] quantus Sol *Wernsdorf.*
870 Quantum et luna cava lustraret *Wernsdorf* — caelum *restituit Baehrens* terras *vulgo*
875 lustra *Baehrens in not.*
877 annosaque *praetulerunt Mueller et Baehrens.*
879 severa *Heinsius.*

Parte alia resonant castae paeana puellae 880
Dantque choros molles, haec dextra tympana pulsat,
Illa lyrae graciles extenso pollice chordas
Percurrit septemque modis modulatur amoenis
Stamina compositum mundi resonantia motum.
Rura colunt alii, sulcant gravia arva juvenci 885
Maturasque metit robustus messor aristas
Et gaudet pressis immundus vinitor uvis;
Tondent prata greges, pendent in rupe capellae.
Haec inter nitidis stabat Mars aureus armis,
Post quem diva potens belli; circaque sedebant 890
Sanguineis maestae Clotho Lachesisque quasillis.

880-883, 885, 888 *habent Gesta Bereng.* (I. 64-69), 880 *immutatum*.
|| 881 dextra Y dextera *fere ceteri, Gesta Bereng.* pulsant M N S
pulsant V. || 882 Ille S Atque *Gesta Bereng.* extenta I *in hoc
versu desinit* B. || 883 modis L nodis S modos *ceteri* modu-
lantur E ani (o) enis A I auenis *ceteri, Gesta Bereng.* || 884 Car-
mina *omnes* componit L M N componunt *ceteri* motus G
motu F V mota E *(de* L *non constat.* || 888 pendentque *Gesta
Bereng* || 889 Ilis I nitidis mediis *omnes* (me ≡ us, di *supra*
poesis
ras. et medius infra lin. E). 890 Post quem diua potens reliquae
circaque sedebant E *de* L *non constat* Quem diua poesis reliquae — F V M N *(cum glossa « atropos » ad « diua »* M N *qui
sedebat habent)* Diua potens atropos circa reliquaeque — G Per
quae diua parens circum reliquaeque A || 891 capillis *omnes.*

883 modis — amoenis *restituit Baehrens* modos — auenis *vulgo.*
884 Stamina *Baehrens* — compositum *Hokker, Baehrens* Carmina componit
vel componunt *vulgo, totum versum spurium habet Mueller*
888 de rupe *van Dorp, Kooten.*
889 nitidis *scripsi* medius *vulgo* retinuit *Baehrens*
890 belli *Baehrens* (diua potens Atropos junctaeque sedebant *Mueller* Atropos
hunc circumstabat reliquaeque sorores *Kooten*).
891 quasillis *Baehrens* cuculis *Haupt, Mueller.*

XIX-XX

Talibus ornatus donis Thetideius heros
In medias acies immani turbine fertur,
Cui vires praebet casta cum Pallade Juno
Dantque animos juveni; contra Cythereius heros   895
Occurrit fortis, sed enim non viribus aequis,
Aeacidae nec erat compar; tamen ira coegit
Conferre invictis juvenem cum viribus arma.
Quem nisi servasset magnarum rector aquarum,
Ut profugus Latiis Trojam repararet in arvis   900

Codices — Lib. XIX E L XVIII F *omis. ceteri.* || 892 donis] armis E 894 praebent A Y praestant S || casta cum *transp. m.* 2 E cum casta *ceteri*. || 895 que *omis.* L F V G || contra E V huic contra L M N E *m* 2 huic F huic (*in* hunc *corr.*) tunc G uidet hunc *ceteri*. || 896 Occurritque *plerique* Concurrit (O *supra* Con *m* 2) E forte E uiros L uiro *ceteri* || sed enim non E et enim non L sed non cum *ceteri* (et ita E *m* 2). || 897 erat compar] corpus erat *omnes* (compar *superscr.* Y opus V *corr. mg*). || 899 ni G V magnarum rector seruasset S. || 900 Nec (ut *suprascr. m* 2) E Et L || profugus letus *m* 1 *in* — gis letis *corr.* E || laetis — armis *omnes*.

894 casta cum *reposui, cf.* 532 cum casta *vulgo.*
896 Occurrit fortis *scripsi* Concurrit fervens *Baehrens* Occurritque viro *vulgo; locum crucibus notavit Mueller.*
900 Latiis *cf. p. XIII not.* 1 laetis *Mueller et Baehrens servaverunt*

Augustumque genus claris submitteret astris,
Non pulcrae gentis nobis mansisset origo.
Inde agit Aeacides infesta cuspide Teucros
Ingentemque modum prosternit caede virorum,
Sanguinis Hectorei sitiens; at Dardana pubes   905
Confugit ad Xanthi rapidos perterrita fluctus
Auxiliumque petit divini fluminis; ille
Instat et in mediis bellatur gurgitis undis.
Ira dabat vires; stringuntur sanguine ripae
Sparsaque per totos volvuntur corpora fluctus.   910

---

901 committeret armis A. ∥ 902 clarae omnes ∥ Post 902 E addit Ni se
proriperet curruque innisus abiret. ∥ 905 sitiens] cedens L. ∥ 906
Effugit E. ∥ 908 A = statque et in (d in ras.) L ∥ pugnatur F V G
pugnabat A ∥ 909 Era L Terra S ∥ uires omnes cunctis (uires
m 1 supraser.) E ∥ tinguntur F G M N E m 2.

901 claris] caeli Wernsdprf (cf. ibid.)
902 pulcrae (cf ibid. carae Baehrens
908 pugnatur edit reter.

XXI

At Venus et Phrygiae gentis tutator Apollo
Cogunt in Danaos Xanthi consurgere fluctus,
Ut fera terribili miscentem proelia dextra
Obruat Aeaciden: qui protinus undique totis
Exspatiatur aquis et vasto gurgite praeceps   915
Volvitur atque virum torrentibus impedit undis
Practardatque gradus; ille omni corpore saevas
Contra pugnat aquas adversaque flumina rumpit
Et modo disjectos umeris modo pectore vasto
Propellit fluctus. Quem longe provida Juno   920

Codices — XX E L XVIII F XIIII (sic) V omis ceteri. ‖ 911 Et L.
‖ 912 conuertere A. ‖ 913 Tunc f t. miscentur pr. d. I in quo
desunt v. 914-925. ‖ 914 Irruat M N. ‖ 915 Expatiatur edit. Fan.
Expediatur plerique Impediatur F G E m 2 Implebatur S ‖ et A
set vel sed ceteri (qui E corr. m 2). ‖ 916 Soluitur E (corr. m 2)
G Y. ‖ 917 Prcdaratque E corr. m 2 ‖ 918 auersaque flumine L
rupit E. ‖ 919 disiectos N A disiectis L diectos (e m 2 supra di)
E deiectos ceteri ‖ humeros A. ‖ 920 Perpellit Y Percellit A ‖ quem
longe nā prouida L.

Lib. XX *Mueller, Baehrens.*

Asseruit, rabidaene cederet ignibus undae.
Sanctaque pugnarunt inter se numina divum.
Rursus agit Phrygias ingenti caede cateruas
Horridus Aeacides bellique ardore resumpto
Funereas acies horrendaque proelia miscet.   925
Non illum vis ulla movet; non saeva fatigat
Pectora pugnando; vires successus adauget.
Percussi dubitant trepida formidine Troes
Atque intra muros exhausta paene salute
Confugiunt portasque objecto robore firmant.   930

---

921 Admonuit E Seruauit V , rapidae *omnes* ne G que S quia F V quo MN tandem (*del m 2*) quod E qua *fere ceteri* ignibus *plerique* (*omis.* E, *add. m 2*) ictibus G imbribus, ignibus, fluctibus Y ‖ 926 mouit L tenet E *m* 2 ‖ fatigat I fatigant *ceteri* ‖ 927 pugnando L bellando *ceteri* (bellantum E) ‖ 929 Aut E L F V Quare I Atque *ceteri*, E *m* 2 *v* inter F V M N S. ‖ 930 Dum fugiunt L ≡ ffugiunt (ff *in ras.* Con *supraser. m* 2) E

921 rabidae *Baehrens* — ne] qua *Baehrens* — ictibus *edd. veter., Wernsdorf* imbribus *Mueller* — Equidem ignibus, Kootemo auctore, retinui cf. enim *Iliad.* XXI, 342, 356, 361, 365 — Asseruit rapidasque coercuit ignibus undas *H eytingh.*
929 Aut *praetulit Baehrens*
930 Aufugiunt *Mueller* Defugiunt *Baehrens* — Diffugiunt *libenter scripserim*

XXII

Unus tota salus in quo Trojana manebat
Hector adest, quem non durae timor undique mortis
Nec patriae tenuere preces, quin obvius iret
Et contra magnum vellet contendere Achillem.
Quem procul ut vidit tectum caelestibus armis,   935
Praemetuit clausisque fugit sua moenia circum
Infelix portis; sequitur Nereius heros.
In somnis veluti, cum pectora terruit ira,
Hic cursu super insequitur, fugere ille videtur,   940

Ante oculos subito visa est Tritonia Pallas   936
ex v. 937 interpolatum ejecerunt Barth, Kooten, Baehrens

Codices — Lib. XXI E L XX F *omis. ceteri.* || 931 tanta L. || 932 nec V || duri G durum F || mortis I martis G matris *ceteri* (o *supra* a m.2 E) *Hi duo versus ita leguntur in* S : Hector adest unus in quo troiana manebat · Tota salus Quem non diri timor undique martis || 933 patris S || contendere uellet *omnes* || 937 m.1 *in marg.* E Permetuit **E L F V A I** Pertimuit **G M N (Y S?)**. || 938 *erasus in* G. || 940 Sic L || cursu] rursus F.

Lib. XXI *Mueller, Baehrens*
934 vellet contendere *scripsi cf.* 327; contendere vellet *vulgo*
937 Praemetuit *Mueller conjecit, recepit Baehrens*
939 pectora terruit ira] pes tardatur ituro *vel* pes frustratur iturum *Eldik* pectore ferbuit ira *Mueller* pectora terret imago *Baehrens*

Festinantque ambo; gressum labor ipse moratur.
Nec requies aderat, timor undique concitat ira.
Spectant de muris miseri sua fata parentes
Pallentemque vident extremo tempore natum, 945
Quem jam summa dies suprema luce premebat.
Huic subito ante oculos similis Tritonia fratri
Occurrens juvenem simulato decipit ore :
Nam dum Deiphobi tutum se credidit armis,
Transtulit ad Danaos iterum sua numina Pallas 950
Concurrunt jactis inter se cominus hastis
Invicti juvenes : hic vastis intonat armis,
Ille hastam valido nequicquam umbone repellit ;
Alternisque feros mutant congressibus ictus.
Sudor agit rivos, ensem terit horridus ensis, 955
Collatusque haeret pede pes et dextera dextrae.

Alternis poterant insistere coepta periclis 942
 ejecit Mueller.

---

941 gressum] cursum A gressusque laborque moratur M N ipse]
ille F V Y. ‖ 942 Alterus L Alterius E *corr.* m 2 M Y ‖ poterant]
spectant A I *Post v.* 943 XXII E L XXI F XVIII V. ‖ 945 extremo
I supremo *ceteri.* ‖ 946 tenebat A totum v. omisit X, *add. marg.
m. rec.* ‖ 948 Decurrens S ‖ 949 Iam G tum E M G A tunc
L cum *ceteri* (dum *Helmest.*) credit in armis L A M N (*in hoc
credidit*). ‖ 950 *abest ab* I ‖ 951 hastis] armis A S. ‖ 953 omis.
E *add.* m 2 *marg.* hostem ualidum omnes. ‖ 954 Alternusque A
Alteriusque S ferox mutat omnes *Baehrensiani.*

913 timor undique] furor undique *vulgo* timor hinc, hinc concitat ira Baehrens
Lib. XXII *Mueller, Baehrens.*
945 Palantem *Wakker* — Pallentesque vident tum primum cedere natum
Baehrens.
949 Nam nunc edit *veter.* Nam tunc *Mueller*
953 hastam valido *Kooten in not.*

Hastam jam manibus saevus librabat Achilles
Inque virum magnis emissam viribus egit;
Quam praeterlapsam vitavit callidus Hector.
Exclamant Danai. Contra Priameius heros   960
Libratum jaculum Vulcania torquet in arma.
Nec successus adest; nam duro inflectitur auro;
Desiluit mucro; gemuerunt agmina Troum.
Concurrunt iterum collatis fortiter armis
Inque vicem duros evitant cominus enses.   965
Nec sufferre valet ultra sortemque supremam
Horruit instantem defectus viribus Hector;
Dumque retrocedit fraternaque rebus in artis
Respicit auxilia et nullam videt esse salutem,
Sensit adesse dolos : quid agat? quae numina supplex 970
Invocet? en toto languescunt corpore vires
Auxiliumque negant; retinet vix dextera ferrum,

---

957 sic **L M N A** *nisi quod* quam *pro* jam *habent* Interea ualidam thetidius extulit hastam **E** *totum versum om̅s.* **F V G S I.** ‖ 958 emisit uiribus hastam **E** *m* 2 **G S** emissam uiribus hastam **F**. ‖ 959 Quem propter lapsam **L** ‖ 961 Libratum *m* 1 *ex* Librauit *corr.* **E** Vibratum *ceteri* **E** *m* 2 ‖ 962 *deest in* **I**. ‖ 963 Desilııt ≡ **L** Dısılıtque **E** Disiluit **M N** Dissiluit *reliqui* (Dissoluit **A**) ‖ mucro] iaculum **A** ‖ 964 collectis **A S** collatis *et* collectis **Y**. ‖ 965 evitant] exercent **I** commiscent **A**. ‖ 966 ultro **E** *m* 2 ‖ sortemque supremam] iam sorte suprema **M** iam sortē ≡ ≡ ≡ **N** fortemque supreme **I**. ‖ 967 Horruit instantem **E** Instantem eacidem *ceteri* ‖ defectis *plerique* defecit **A**. ‖ 971 en] in **Y** *et ceteri*.

957 jam *Baehrens* Interea validam Thetideius extulit hastam *vulgo* (Nereius *Kooten*)
961 Libratum *Mueller, Baehrens* Vibratum *vulgo*.
963 Dissiluit *vulgo* Desiliitque *Baehrens*
965 commutant *veter. edit.* committunt *Dussen, probavit Kooten*
966-67 jam ultra *Mueller* ultra jam sorte suprema Instantem Aeacidem *Baehrens* — defessis *Mueller*
971 en *scripsi et vulgo* in *edit. veter*.

Nox oculos inimica tegit nec subvenit ullum
Defesso auxilium; pugnat moriturus et alto
Corde trahit gemitus. Instat Nereius heros   975
Turbatumque premit procul undique, tum jacit hastam
Et medias rigida transfixit cuspide fauces.
Exsultant Danai, Troes sua funera maerent.
Tum sic amissis infelix viribus Hector :
« En concede meos miseris genitoribus artus,   980
Quos pater infelix multo mercabitur auro.
Dona feres victor. Priami nunc filius orat,
Te Priami, dux ille ducum, quem Graecia solum
Pertimuit : si nec precibus nec vulnere victi
Nec lacrimis miseri nec clara gente moveris,   985
Afflicti miserere patris, moveat tua Peleus
Pectora pro Priamo, pro nostro corpore Pyrrhus ».
Talia Priamides; contra quem durus Achilles :
« Quid mea supplicibus temptas inflectere dictis

---

974 Defenso L (et ita E sed corr. m 1) ‖ alto ≡ F altos ceteri ‖ 975 trahit] premit omnes (e versu seq). ‖ 976 tum E M N tunc ceteri. ‖ 978 deflent E F V G plangunt M N ǀ Post hunc versum librum XIX incipit V. ‖ 979 Dum L Tum vel Tunc ceteri. ‖ 980 En G Y Et E L I Nunc A (e versu praeced. in quo tunc legitur) O N. ‖ 983 priami ex-mus corr E priamus ceteri ‖ 984 si] sed S uulnere E L M N A munere ceteri Em2 ‖ victi E L F M N I tristi A victus ceteri. ‖ 986 moneat M N A ‖ 987 pectore L A. ‖ 988 quem contra M N ‖ dirus S.

974-75 alto scripsi altos ceteri. — trahit scripsi petit Kooten in not., Mueller Baehrens premit edit. veter.
980 En] Tu Mueller Nunc Kooten.
983 Priami Kooteni amicus quidam; recepit Mueller. Priamus vulgo primus Baehrens.
984 vulnere victi praetulerunt Mueller Baehrens, non spernebat Kooten; id autem, Hectore loquente, absonum esse Weinsdorf censebat, sed cf. 1039.

Pectora, quem possem discerptum more ferarum, 990
Si sineret natura, meis absumere malis?
Te vero tristesque ferae cunctaeque volucres
Diripient, avidosque canes tua viscera pascent.
Haec ex te capient Patrocli gaudia manes,
Si capiunt umbrae ». Dum talia magnus Achilles 995
Ore truci jactat, vitam miserabilis Hector
Reddidit. Hunc animi nondum satiatus Achilles
Deligat ad currum pedibusque exsanguia membra
Ter circum muros victor trahit : altior ipsos
Fert domini successus equos. Tum maximus heros 1000
Detulit ad Danaos foedatum pulvere corpus.
Laetantur Danai, plangunt sua funera Troes.

Et pariter raptum deflent cum funere corpus 1003

jam seclusit Mueller.

---

990 discerptum **E M N** direptum *ceteri* **E** *m* 2 (direptum *et* discerptum **Y**).
|| 991 te absumere **F V N I**. || 992 tristemque **F V E** *m* 2 rapidaeque
A. || 993 avidique *omnes* || pascant **E** lingent **A**. || 994 Hoc ex se **Y**.
|| 995 sapiunt **G**. || 997 Reddit **L V** *m* 1 Reddit et **F** Ditet **I** || animus
— achillis **Y** animo — iniquo **I**. || 998 Perligat (At *supra* per *m* 2 **E**).
|| 999 altius **M N** *ex corr.* alcius **G**. || 1000 *deest in* **S** || cum **I** tunc
C. || 1001 Retulit **E**. || 1002 deflent *et* plangunt **Y** plangunt *ceteri*
|| funera **E G M** corpora *ceteri*, *et ita* **C D** (funera *et* corpora **Y**).
|| 1003 *sic* **Y** *nisi quod* captum, *non* raptum *habet* || raptum] corpus
M N campos **I** captos *ceteri* (captum **E** *m* 2) || corpus] mestos
L F V I mesto **D** mesti **G C**.

---

993 avidos *corr. van Dorp.*
1002 vulnera *Baehrens.*
1003 Et p. captos d. c. f. muros *vulgo* c. f. tristi *Mueller* corpus d. c. f.
raptum *Baehrens.*

XXIII

Interea victor defleti corpus amici
Funerat Aeacides pompasque ac munera ducit. 1005
Ter circa tumulum miseros rapit Hectoris artus
Et varios cineri ludorum indicit honores.
Tydides cunctos curru pedibusque ferorum
Magnanimus superat; luctando vincitur Ajax
Cujus decepit vires Laertius astu; 1010

Codices — Lib XXIII **E L** XXII **F** XIII **V** *omis ceteri.* ‖ 1005 Sepelit **A** [, ad funera *omnes* [, ducit] dura **L**. ‖ 1006 Ter **M N** Tum *vel* Tunc *ceteri* (Nunc **A**) ‖ 1007 varios] rapidos **L S** uapido -- **F** uapido **V** ",cineri] queri **T**, inducit **A Y C** inuidet **D** ducit **T**. ‖ 1008 cunctos tirsim **V M C D** cirsim **A** scirsim **T** tyrsim **E** thyrsim **L G** thyrsum **F** tirph sim **N** celeri **S** (*ex versu praeced. in quo cineri*) ‖ cursu *omnes* (curtu **L** casu **N**) ‖ ferocem *omnes* (ferentem **A** uolantem *vel* uolentem *corr. in* uolocem **C**). ‖ 1009 Magnanimus] Merionem *omnes, e v.* 1013 (≡ erion et **L**) ‖ ludendo **M N**. ‖ 1010 laercius **G E** *m* 2 lertius **V** tunc lercius **D** ilercius **E L N** illercius (*vel* — tius) **F M C** ‖ hastur **L** astur **C** acer *in ras* **F**.

1004 defletum *edit. veter.*
1005 in funere *Schenkl.*
1008 cunctos *Baehrens* circi *Wernsdorf* Inisum *edit. veter.* — curru *Kooten, Baehrens.* — ferorum, *id est* « equorum », *Wernsdorf (cf. Manil.* I, 77) feroces *Baehrens* fugacem *Hügl.*
1009 Magnanimus *scripsi* Merionen *vulgo* Aeolides *Baehrens.*

Caestibus adversos cunctos superavit Epeus
Et disco fortis Polypoetes depulit omnes
Merionesque arcu; tandem certamine misso
In sua castra redit turbis comitatus Achilles.

1011 aduersos L V C aduersis *ceteri* ‖ epeos E L ephebos F C ephebus *ceteri* ‖ 1012 fortis L C forti *ceteri* ‖ polibetes *omnes.* ‖ 1013 que omis E, *add.* m 2. ‖ 1014 Ad T ‖ concomitatus (con *rubro lineam eras.*) T ‖ turbam E m 2 ‖ achillem D

1011 adversos cunctos] adversum Euryalum *Baehrens in not.*

XXIV

Flent miseri amissum Phryges Hectora, totaque maesto 1015
Troja sonat planctu; fundit miseranda querellas
Infelix Hecube saevisque arat unguibus ora;
Andromacheque suas scindit de pectore vestes,
Heu tanto spoliata viro! Ruit omnis in uno
Hectore causa Phrygum, ruit et defessa senectus 1020
Afflicti miseranda patris, quem nec sua conjunx
Turbaque natorum nec magni gloria regni
Oblitum tenuit vitae, quin iret inermis
Et solum invicti castris se redderet hostis.
Mirantur Danaum proceres, miratur et ipse 1025
Aeacides animum miseri senis; ille trementes

Codices — Lib. XXIV E L XXIII F XXI V *omis. ceteri* (Flent *prima littera depicta* C *ad eund. vers.* T *in mg. hoc signum habet* ⸎) ‖ 1017 hecubę E hecuba, eccuba, ecuba *ceteri Baehrensiani* ecuba CD; seuitque arat E D seuis secat A C seuū parat S. ‖ 1018 scindens F V M de E G C a *ceteri* ‖ 1019 Heu] E I. ‖ 1020 ruit et F fuit hoc V cedit I cecidit *ceteri* defensa F V defecta N defeta S. ‖ 1022 regni] regit C. ‖ 1023 Abitum L isset S inarmis C m I (*et ita* L *si kootemo cred.*). ‖ 1024 reddire L crederet D dederat M N. ‖ 1025 proceres danaum S ‖ 1026 ipse Y.

1017 Hecabe *Mueller*
1020 ruit et *restituit Baehrens* cecidit *vulgo*

Affusus genibus tendens ad sidera palmas
Haec ait : « O Grajae gentis fortissime Achilles,
O regnis inimice meis, te Dardana solum
Victa tremit pubes, te sensit nostra senectus   1030
Crudelem nimium : nunc sis mihi mitior, oro,
Et patris afflicti genibus miserere precantis
Donaque quae porto miseri pro corpore nati
Accipias; si nec precibus nec flecteris auro,
In senis extremis tua dextera saeviat annis :   1035
Saltim saeva pater comitabor funera nati.
Non vitam mihi nec magnos concedere honores,
Sed funus crudele peto : miserere parentis
Et pater esse meo mitis de vulnere disce.
Hectoris interitu vicisti Dardana regna,   1040
Vicisti Priamum : sortis reminiscere victor

1027 Effusus **G C** Adfusus **D** ∥ 1028 Hoc **L** ∥ gentis fortiss.] fortiss. gentis **A I** fortiss. miles **Y**. ∥ 1030 sentit **S**. ∥ 1031 mihi mitior **I** mitissimus *ceteri* (mittissimus **D**) ∥ *Post hunc v. leg. in* **A** : Exaudi si digna precor si quidquam pietatis habes, fortissime achilles, Pande meo et lacrimis orbi miserere parentis ∥ Regisque afflicti precibus miserere precantis ∥ Donaque *etc*. — *Eadem habentur in* **I**, *praeterquam quod hic exhibet* : Pande modo et afflicti genibus, *omissis verbis* miserere precantis (*Kooten*). ∥ 1032 afflictis **V G** affusi **C** adfusi **D** ∥ genibus] rebus *ex corr.* **G** ∥ *Post hunc v.* **E** *m* 2 *addit* Insuper hoc aurum tibi quod pro corpore dono. ∥ 1036 Saltim **E F G D** ∥ conabor **L**. ∥ 1037 Nec **A D** Ne **V** Sic **I** ∥ ultamque mihi **F V** ∥ concedere **L G A** concede **E M N C D** cede **F V** concedis **E** *m* 2 **I Y** labores **E**. ∥ 1038 peto **A** netis **S** mei **G** meum *ceteri* (*totum versum omis.* **D**) ∥ precantis **E** *m* 2 **A**. ∥ 1039 pectore **A D** corpore *ceteri*.

1028 Achille *Santen*.
1031 mihi mitior *e cod.* Virgil. *recepi; et ita* Kooten *in textu*.
1036 Saltim *Baehrens* Saltem *vulgo* — scaeva *Baehrens*.
1037-8 concedis honores Sed funus crudele mei *Mueller* concede favores Sed f. cr. mei *Baehrens*. — Stet vulnus crudele meum! *Barth*.
1039 patris *vel* precor *Schenkl* — vulnere *Mueller* funere *vulgo*.

Humanae variosque ducum tu respice casus ».
His tandem precibus grandaevum motus Achilles
Allevat a terra corpusque exsangue parenti
Reddidit Hectoreum, post haec sua dona reportat.   1045
Jamque redit Priamus tristesque ex more suorum
Comparat exsequias supremaque funera ducit.
Tum pyra construitur, quo bis sex corpora Grajum
Quadrupedesque adduntur equi currusque tubaeque
Et clipei galeaeque cavae Argivaque tela.   1050
Haec super ingenti gemitu componitur Hector :
Stant circum Iliades matres manibusque decoros
Abscindunt crines laniataque pectora plangunt.
Tollitur et juvenum magno cum murmure clamor   1055
Flebilis : ardebat flamma namque Ilion illa.

Illo namque rogo natorum funera cernunt   1054

1042 duum tu *ceteris omissis* L ǁ uarios ducum I varios belli A ǁ respice n casus (n *rel u m.1 eius.*) C. ǁ 1043 Hiis C ǁ precibus grandeuum motus C precibus gradiuus motus A precibus motus grandeuus *ceteri omnes* (precibus mores L motus precibus MN). ǁ 1044 a] e S ǁ precanti I. ǁ 1045 hoc D. ǁ 1046 Jamque redit] In patriam *omnes* ǁ tristesque G C tristisque E L F V M N. ǁ 1047 Ceperat I Vt pater A ǁ funestaque A ǁ ducum D ǁ *1048-1051 adfert Lactantius ad Statii Theb.* VI, 121 (« *Homerus in funere Hectoris dicit* »). ǁ 1048 Tunc *Lact.* pura D pira C ǁ quo L D *Lact.* quae E qua *ceteri.* ǁ 1049 Quadrupedesque A D *Lact.* Quadrupedes *ceteri* (Consequitur E) ǁ traduntur E aduitur ped L. ǁ 1050 cau (a) e E L G T C D *Lact.* cau (a) eque IV cau = eque F cane M N graues Y. ǁ 1053 Obtruncant S Abrumpunt *ceteri* (Obrumpunt C Aptupurit L) ǁ corpora I F ǁ plaudunt G V condunt (*pro* tondunt) S. ǁ 1054 uolnera Y. ǁ 1055 murmure] uulnere L ǁ clangor S.

1046 Jamque redit *scripsi:* in patriam *nil nisi glossema esse persuasum habeo* It patriam *Barth, Baehrens* In patriam it *Mueller.*
1050 cavae *restit. Mueller* graves *edit. veter.* ocreaeque *Baehrens.*
1053 Abscindunt *scripsi* Corrumpunt *e Muelleri conject. Baehrens.*

Inter quos gemitus laniato corpore conjunx
Provolat Andromache mediosque immittere in ignes
Se cupit Astyanacta tenens, quam maesta suarum
Turba rapit; contra tantum tamen illa resistit, 1060
Donec collapsae ceciderunt robora flammae
Inque leves abiit tantus dux ille favillas.
Sed jam siste gradum finemque impone labori,
Calliope, vatisque tui moderare carinam,
Raris quam cernis stringentem litora remis, 1065
Iamque tenens portum metamque potentis Homeri,
Pieridum comitata cohors, summitte rudentes;
Sanctaque virgineos lauro redimita capillos,
Ipsa, tuas depone lyras, ades, inclita Pallas,
Tuque fave vati, cursu jam, Phoebe, peracto. 1070

1057 pectore C. ‖ 1058 Aduolat T. ‖ 1059 musa S uisa I Y C iussa
ceteri ‖ suarum L suorum *fere ceteri*. ‖ 1060 Turba rapit contra
tantum tamen usque resistit I Turba rapit contra tamen u. r. *plerique*
Turba rapit contra tristis tamen u. r. C Tristis turba rapit contra
tamen u. r. D Turba rapit contra tamen usque illa resistit T Turba
rapit tristis tunc omnibus illa resistit A Turba rapit contraque
tamen u. r. M N. ‖ 1062 tantus abiit T. ‖ 1063 labori *ex — ris corr*. E.
‖ 1065 Quam E A T Quem *ceteri* cernis paucis stringentem litora
remis *omnes, nisi quod* S *habet :* Vltima perpaucis str. l. r.
‖ 1066 Namque L F G A S C ‖ tenet F G E *m* 2 S C tenes T.
‖ 1067 chorus I. ‖ 1068 et 1069 *in* T *locum inter se mutauerunt*.
‖ 1069 liras depone tuas D. ‖ 1070 *sic* A cursu uatis (uates L)
ceteri. ‖ Explicit liber Homeri *plerique* Carminis homeras metam
deponit ouanter E *m* 2. — *Cf. p. XLIV et XLV*.

1059 maesta *Kooten in not.*, Baehrens fida *Kooten in not.* jussa *vulgo*.
1060 Sic *Kooten in not.* Turba rapit comitum, contra tamen usque res.
Baehrens Tristis turba rapit; contra tamen usq. r. *vulgo*.
1065 Quem cernis paucis stringentem litora remis *vulgo* Remis quam cernis
str. l. paucis *Baehrens*. — Raris *Havet cf. p VI* Raptim *conjeceram*.
1067 Pieridem *Baehrens* — choros *Kooten in not*.
1069 Ipsa] Musa *Weytingh, Mueller*.
1070 *Ita scripsi ex* Vossiano cod., *cf. Kooten in not.* — cursu vatis *vulgo*.

INDEX NOMINUM ET RERUM

A

ABAS Abantis Diomedes occidit 445.

ACAMAS Antenoris filius.
— ferox Antenore cretus, 237; — Promachum vulnerat 788.

ACAMAS dux Thracum.
— inter Trojanorum socios 245.

Acamantem Ajax Telamonius interficit 538.

ACHAICUS Achaica turba, cf. Grai

ACHILLES *nominativ. subjectus* bello clarus Agamemnoni irascitur 8; — clarus Graecorum duces, ut Calchas causas pestis significet, convocat 50; — Danaum murus cum ceteris Graecorum ducibus Trojam petit 191; — quinquaginta naves ducebat 211; — Troum terror a proeliis abest, amorem cithara lenit 585-86; — magnus Vulcania arma induit 860; — saevus hastam in Hectorem librat 937; — durus Hectoris preces reicit 988; — magnus dum fatur, animam reddit Hector 995; — nondum satiatus, Hectoris membra ad currum deligat 997; — redit in castra 1014; — Priami precibus motus est ut reddat filii corpus 1043.

nominativ. praedicatus Patroclus silet ut verus Achilles ab Hectore credatur 824.

vocatur fortissime (Hector adloquitur) 818; — Grajae gentis fortissime (Priamus adloq.) 1028.

Achillis ope tutus, Calchas causas pestis aperit 54; — ut amor ab Agamemnone non impune violatus sit, Thetis Jovem precatur 91 : — dextram frustra hortantur legati Graecorum ut ferat auxilium 689; — currum a Trojanis sibi promissum esse Dolon narrat 719 ; — armis Patroclus munitus 806; — horrendi sub imagine Patroclus pugnat 813; — mentitos vultus Apollo pandit 831.

Achilli tantum debetur (Juno adloq.) 99.

Achillem magnum Agamemno incusat 60; — magnum idem privat Briseide 72; — manu Pallas tenet ne Agamemnonem gladio petat 78; contra magnum — Hector vult contendere 934.

Aeacides ferus nudato ense in Agamemnonem tendit 74 ; [Aeacides 601]; — [Patrocli caedem luget 844] — Trojanos agit cuspide 903; — horridus Trojanos rursus agit 924; — Patrocli corpus funerat, 1005 ; — Priami miseri animum miratur 1026.

Aeacidae non erat compar Aeneas 897.

Aeaciden ut Xanthus obruat 914.

Nereius heros Hectorem metuentem persequitur 937; — Hectori instat 975.

Pelides matris numina invocat 81.

Pelidae superbi ira 1 ; — ad aures devenerat horror (Patrocli caedes) 844.

Thetideius heros Graecorum pre-

INDEX NOMINUM ET RERUM

ces despuit 690; — Vulcantis armis ornatus 892
ACHIVI cf Grai.
ADRASTUS inter Trojanorum principes 240.
Adrastum vastum capit Menelaus 539.
AEACIDES cf. Achilles.
AENEAS sacer, **Veneris certissima proles** (Trojanorum principes enumerat noster) 236; — contra Diomedem congreditur 454 — auriga ab Agamemnone interfecto, ingemit animosusque de curru desilit 516.
Aenean Dardanium Trojanus Apollo servat 472; — curru tendentem Agamemno conspicit 509.
Cythereius heros contra Achillem concurrit; a Neptuno servatur 895 sqq
Veneris proles pulcherrima emicat in agmine 483; cf. Aeneas.
AETNAEUS Aetnaeos ignes 857.
AETOLIUS cf. Diomedes
AETOLUS degente Aetola 202
AGAMEMNON centum naves ducit 171
Agamemnonis in thalamos Somnus, a Jove missus, devolat 121. — ita Graecos armat in caedes, postquam Menelaum Pandarus vulneravit 353, — alae, premente Hectore, ad classes confugiunt 795.
Argolicus dux « Argolici ducis castra pete volatu » (Somnum alloquitur Juppiter) 115.
Atrides sceptriger Achilli iratus 8, — Chryseida reddi negat 24; — acer socios armari jubet 159; — impiger Democoonta petit 372, — in Trojanos armis furit 424; — ferus in hostes, ut libycus leo, ruit 504, — Aeneam curru tendentem conspicit 510: — **Grajum dux acer**, Hectore Graecorum duces armis provocante, incedit 581; — hortatur socios 663.
Atride rex Danaum (Sommus, a Jove missus, loquitur) 124.
Atridae *genitiv* genibus Chryses affusus 19, — regis in galeam deiciuntur sortes 587.
Atridae *dativ* ardor Chryseidis non excidit 70.

In Atriden Achilles tendit 75
Ab Atrida se filiumque suum Juppiter ulciscatur, precibus Thetis orat 90.
Danaum rex Marti infesto socios cedere videt 496; — Antiphon vulnerat 717. — (Cf. Atride).
Pelopeius heros duces convocat 131; — Ulixis et Diomedis virtutem laudat 739.
AGAPENOR Agapenoris ferox ira 175.
AGELAUS occurrit Diomedi 667
AJACES duo 582
AJAX Oilei filius.
— **Locrum fortissimus** quadraginta naves in Trojam instruxit 489; — Oileos totidem quot ille naves Protesilaus et Podarces instruxerunt 216.
AJAX Telamonis filius.
— Telamone satus Salaminius navem unam plus quam Eumelus ducit 498; — Telamonius egregia virtute potens duodecim navibus Trojam petit 205-6; — Telamonius Anthemionis filium occupat 363; — Acamantem, Thracum ducem, interficit 538; — magnus, in galeam Agamemnonis, dejectis sortibus, procedit 588, — Telamonius animis armisque furens Hectorem petit 602; — ferus saxum, ab Hectore projectum, clipeo reppulit 611: [— Telamonius Hectori respondet 623); — bellator quo se cinxerat, balteum Hector accipit 620: — maximus Hectorem saxo percutit 780, — Telamonius Archilochum percutit 787; — solus naves defendit 799; — Telamonius vindicat Patrocli corpus 836; — luctando vincitur (dum Achilles Patrocli corpus funerat) 1009.
In Ajacis armis protectus Teucer Trojanos agit 670.
In Ajacem hastam torquet Antiphus 368; — Ajacem fulgenti ense Hector muncrat 628.
Telamone creatus Telamone creatum Hector saxo petit 610; — [vides (de se loquitur) 624]
ALCATHOUS, Anchisae gener, occiditur 776.
ALCINOUS Alcinoo sati Chromius et Ennomus 246.

INDEX NOMINUM ET RERUM

ALEXANDER cf. Paris.
AMARYNCIDES cf. Diores.
AMPHIMACHUS princeps Carum, insignis cum ceteris Trojanorum socius 241.
AMPHIMACHUS princeps Epeorum.
— ferox, Elide natus 212.
Amphimachum atrocem obtruncat Hector 774-5.
AMPHIUS Trojanorum socius 240.
ANCHISES cf. Alcathous.
ANDRAEMO Andraemone natus Thoas 202; — magno natus Thoas 583.
ANDROMACHE fidissima conjunx Hectoris, ejusdem colloquium petit 564-5, — Hectore interfecto, vestes suas scindit 1018; — laniato Hectoris corpore provolat gemitque 1058.
ANTENOR Antenore creti Archilochus Acamasque 237; — natum (Coonem) persequitur vulneratque Agamemno 752.
ANTENORIDES cf. Archilochus.
ANTHEMIO Anthemione satum (Simoisium) Ajax Telamonius interficit 363.
ANTILOCHUS Antilochi ense interficitur Thalysiades (Echepolus) 360. — armis concidit Mydon 520.
Nestorides Patrocli corpus in castra refert 840.
ANTIPHUS Maeonum ductor.
— Trojanis fert auxilium 244.
ANTIPHUS Priami filius.
— in Ajacem hastam torquet 366. Antiphon Agamemno vulnerat 748.
ANTIPHUS [Thessalicus] Thessali filius
— cum Phidippo triginta ducit naves 193.
APOLLO sit auctor poetae nostro 165; — Trojanus Aeneam servat 472, — Grais inimicus saxum levat quo Hectorem Ajax percutit 614; — Trojanus Patroclum, sub imagine Achillis pugnantem, denudat 830; — Phrygiae gentis tutator, simul cum Venere, Xanthi fluctus in Graecos attollit 911.

Delphicus Delphice (de filia rapta Chryses queritur) 32.
Fatidicus Fatidici aures vocibus compellat Chryses 31.
Phoebus Phoebe (Noster, peracto cursu, deum precatur) 1070.
Phoebi infesti placemus numina (Calchas loquitur) 55; — placantur numina, Chryseide patri reddita 68.
Proles Jovis et Latonae, 10.
ARCESILAUS atrox ad Trojam venit 168.
ARCHILOCHUS Antenore cretus cum ceteris Trojanorum ducibus 237.
Archilochum Antenoriden occidit Ajax Telamonius 787.
ARCTUS 866.
ARGIVUS Argivaque tela (*nominat*) 1050.
ARGOLICUS Argolici ducis 115 (cf. Agamemno).
Argolicas classes 736-7.
Argolicis gentibus 80 (cf. Grai.)
ASCALAPHUS potens Ialmenusque, uterque acer, triginta naves agunt 187.
Ascalaphum Deiphobus interficit 778.
ASCANIUS Hippotionis filius.
— ingens, socius Trojanorum 247-8.
ASIUS Hyrtaci filius.
— cum ceteris Trojanorum socius 240; — Idomenei dextra cadit 774.
ASTYANAX Astyanacta parvum tenet Andromache 565-6; — tenens Andromache 1059.
ASTYNOUS Astynoum Diomedes occidit 443.
ATHENAEUS cf. Menestheus.
ATRIDES cf. Agamemno et Menelaus.
AUGUSTUM genus 901.
AULIS in Aulide (serpens visus est) 147.
AURORA stellas fugat 635.
AUSTER ab Austro Arctus distat 866.

B

BACCHUS Bacchi liquor 633.
BOEOTUS Boeotum (cf. Promachus) 788; — Boeoti (Prothoenor et Clonius) 169.

BRISEIS etiamsi intacta reddatur Achillem non movet 693.
Briseide Agamemno Achillem privat 72.

C

CALCHAS deorum numina consulit 52; — annum dixerat quo Troja caderet 152.
Thestorides Thestoriden edere causas pestis Achilles hortatur 52; — dictis amaris Agamemno compellat 59.
CALLIOPE *vocativ.* (precatur Noster) 1064.
CALYDONIUS cf. Diomedes.
CHROMIUS dux Mysorum.
Vir florens aetate inter Trojanorum socios 246-7.
CHROMIUS Priami filius.
Chromium Diomedes caedit 447.
CHRYSEIS Chryseidis ardor Agamemnoni non excidit 70.
Chryseida patri reddendam esse Myrmidones censent 23, — castam reddamus patri (Calchas loquitur) 56, — intactam Agamemno patri reddit 64.
CHRYSES filiam raptam deflet 13.
Chrysen castris excedere jubet Agamemno 24.
CLONIUS Boeotus cum Prothoenore Trojam petit 168-9.
CLOTHO (in clipeo Achillis) 891.
COROEBUS clara satus tellure 250.
CRETAEUS uterque (Idomeneus et Meriones) 208.
CRETHON Crethona occidit Aeneas 517.
CYGNEIS cf. Helena.
CYTHEREA cf. Venus.
CYTHEREIUS cf. Aeneas.

D

DANAI *nomen populi* cf. Grai.
DANAUS *adjectiv.* Danai salutis 57.
DARDANIDAE cf. Trojani.
DARDANIDES cf. Hector.
DARDANIUS cf. Aeneas, Paris.

Dardanii campi manant sanguine 384.
DARDANUS Dardana pubes cf. Trojani.
Dardana regna vicisti (Priamus Achilli) 1040.
DARES Daretis filios in adverso agmine conspicit Diomedes 403-4.
DEIPHOBUS cum ceteris Trojanorum principibus 235; — Ascalaphum caedit 778.
Deiphobi formam assumit Minerva 949.
DELPHICUS Delphice cf. Apollo.
DEMOCOON Democoonta Agamemno petit 373.
DIOMEDES Diomedis socius, Ulixes 707.
Cum Diomede Glaucus pugnaturus 554.
Aetolius heros Glaucum adloquitur 556; — egreditur castris cum Ulixe 698.
Calydonius heros medios in hostes ruit 309; — cum Aenea pugnat 454.
Calydonius juvenis ira ardescit 441.
Tydides fortis in armis 184-5, — Danaos cedentes videt 390; — Phegea interficit 408, — magnus, qua Aeneam vulneret, non videt 458-9; — pugnat 530; — princeps armis enicat ardentibus 665; — < magnanimus > cunctos curru superat 1008-9.
Tydidae saevi arma fortia non sustinet Idaeus 416; — dextra prostratus Pandarus 449.
Tyditen quaerit Pandarus 437.
Oenides Veneris manum vulnerat 466.
DIORES cum ceteris Graecorum principibus 213.
Amaryncides Amarynciden occidit Pirous 377.
DIS per Ditis opaci fluctus (Dolon supplex loquitur) 723.
DIVA scilicet Musa) 1.
DOLON Diomedi et Ulixi per noctem occurrit 704.
Tros Eumediades eosdem cursu praecedit 710.
DORICUS Doricus ensis 324.

Dorica castra 602.
DORIS Dorida fluctus amantem 874.
Doride nata cf. Thetis.
DULICHIUS cf. Meges.

E

ECHEMON Echemona Diomedes caedit 447.
ELEPHENOR Euboeae < longis > finibus ortus 200.
ELIS Elide nati Amphimacus et Thalpius 212.
ENNOMUS vir florens aetate inter Trojanorum socios 246-7.
EPEUS caestibus cunctos superat 1011.
EPISTROPHUS Halizonum dux.
— ingens, dux magnanimus 242.
EPISTROPHUS Iphiti filius.
— ingens, gloria Myrmidonum, saevi robur belli 179-80.
EUBOEA Euboeae 200, cf. Elephenor.
EUHAEMO Euhaemone 190, cf. Eurypylus.
EUMEDIADES cf Dolon
EUMELUS viribus acer navem minus unam quam Telamonius ducit 196-7.
EUPHEMUS ferox 243.
EURUS Rhesi equos non praecederet 734.
EURYALUS, Mecistei filius, dux sub Diomede 184.
EURYPYLUS vastis horridus armis, Hypsenora occidit 433-4; — claris speciosus in armis, procedit cum aliis 582-3
Eurypyli femur Paris vulnerat 757.
Euhaemone natus quadraginta naves instruxit 190.

G

GLAUCUS Lyciorum dux.
— magnae virtutis in armis, inter auxilia Trojanorum 239; — cum Diomede pugnaturus 553.

GORGYTHION Gorgythiona ferum Teucer interficit 672.
GRAECIA bellatrix regem sibi Agamemnonem delegerat 172, — Hectorem solum pertimebat 983.
GRAI Grajorum terga premens Simoisius 362, — agmina Aeneas premit 484; — acies deficiunt 493, — duces Hector provocat 578.
Grajum volgus ruit undique 46; — agmina, Paride vulnerato, gemuerunt 305; — agmina Hector vertit 487; — dux Agamemnon 581; — clades, Jove expendente, praeponderat 658; — sex corpora in Hectoris rogum imponuntur 1048.
Grais miseris funera injecit Achillis ira 2; — placet Hectoris sententia 277; — inimicus Apollo 614.
Grajos, aggere inclusos, obsidunt Trojani 682, — Hector undique agit 755; — Trojani sternunt 763.
Graja gens Grajae gentis fortissime Achilles 1028.
Achaica turba fugit 790.
Achivi nominativ. turbantur 661. [vocativ. vulgo: Nestor loquitur 151.]
Achivum vires accendit Agamemnonis virtus 506; — Phrygumque casus Juppiter expendit 637.
Achivis [vires redduntur 69]; — virtus crescit 387; — invictis ut reddatur Helena Hector suadet 638.
Achivos dilectos (Juno irata Jovem incusat dictis) 101
Argolicae gentes gentibus Argolicis Achillis amor famam turpem liquisset 80.
Danai laetantur 508; — incumbunt 542; — rogos struunt 646; — confugiunt 679; — pugnant de muris 766; — hastas cuspidis jaciunt 802; — funera sua maerent 838; — exclamant, hasta Achillis ab Hectore vitata, 960; — exsultant, Hectore interfecto, 978; — laetantur 1002.
Danaorum corpora morbo implicuit Apollo 12.
Danaum castra Chryses petit 19; — proceres in coetum Achilles convocat 50; — classes, Chryseide patri reddita, Ulixes repetit 67; —

rex (Agamemno) 124; — armis victricibus Troja caderet 103, — murus, Achilles 191; — dolus vicisset Troja. ni fata fuissent 251; — populus 268; — catervae cadunt 357; — agmina redeuntia 389; — rex (Agamemno) 496; — Trouumque discedunt catervae 631; — proceres 686; — preces reicit Achilles 691; — jussu Diomedes cum Ulixe egreditur castris 698; — vires 705; — duces 743; — rex (Agamemno) 747; — metus Hector 794, — proceres 1025.

Danais vires Neptunus ministrat 772

Danaos Apollo luctibus infestat 45, — Hector invadit 492 et 659. qui — modo turbabant, Trojani nunc fugiunt 808; in — Xanthi fluctus Venus Apolloque attollunt 912; ad — numina sua transfert Minerva 950, ad — Hectoris corpus Achilles defert 1001.

Pro Danais deos pugnare Hector sentit 544.

Pelasgi *nominativ.* in castra fugiunt 758, — turbati fugiunt omnes 769; < *vocativ.* — remanete 151 >.

Pelasgum regi Apollo infestus 10.

Pelasgis legati referunt Achillis responsa 694.

Pelasgos in Trojam venisse Iris, Jove jubente, Trojanis nuntiat 224; — fortes ira Agamemnonis armat 303.

[**Pelopea juventus** cedit 791].

GRAJUS grajae gentis cf. Grai.

Grajae puppes 220.

GUNEUS Gunei horrida ira duas et viginti naves ducit 206-7.

H

HECTOR *nominativ.* Priamides patris jussu arma capit 226; — Paridem, confusum terrore, adloquitur 256; — Paridis verba refert 277; — fortissimus Graecos sternit caede 486, — Graecos invadit, haud secus ac lupus 491; — **patriae columen**, Mavortius pugnat 529; — Mavortius deos pro Graecis pugnare sentit 543, — maximus principes Graecorum provocat 577; — bello maximus Ajacem adloquitur 620 [— Ajacem adloquitur 626], — maximus cum sociis funera hesterna memorat 636, — **turbidus** ruit 677; — Priamides iratus acri pugna subit 754-5; — **Martius** castrorum hostilium portas saxo perfringit 760 ; — Amphimachum obtruncat 774; — **ferox** violento saevit pectore 779; — **Danaum metus**, impiger, advolat Graecosque pellit 794, — **Mavortius** saevit, Graecorum naves incensurus 797; — **fervidus** Patroclum, acies sub imagine Achillis turbantem, respicit 815 · — **fortissimus** quantum in bello valeat (de se loquitur) 820, — bello maximus Patroclum falsis in armis deprendit 832, — adest, unus in quo Trojana salus manebat 932; — callidus Achillis hastam vitat 950; — defectus viribus, Achille instante, 967; — infelix, amissis viribus, Achillem orat 979; — **miserabilis** vitam reddit 996; — rogo componitur 1051.

vocativ. **violente** (Achilles de caede Patrocli) 851.

Hectoris crura ocreae nitentes, quales decet esse, tegunt 232, — conjunx Andromache 565; — superbi aurigam Teucer obtruncat 673-4; — miseros artus ter circa Patrocli tumulum Achilles rapit 1006; — interitu Troja victa 1040. cf. Hectoreus.

Hectora **insignem** bello Ajax Telamonius petit 603; — amissum flent Trojani 1015.

In uno Hectore causa Trojae ruit 1020.

Dardanides Patroclum hasta petit 826.

Priameius heros jaculum in Achillem torquet 960.

Priamides [— 601], — contra Ajacem pugnat 610, — unum **Phrygiae decus**, iratus pugnat 660-1, — talia dixit (Achilli, moriens) 988. cf. Hector.

Priami filius dux ille ducum (de se, moriens, loquitur) 982-3.

Troius heros Teucrum saxo occupat 674.

HECTOREUS Hectorei sanguinis 905. Hectoreum corpus 1044-5.

HECUBA Hecubam vocari Hector imperat 516.

Hecube supplex ad Minervae templa

INDEX NOMINUM ET RERUM

551; — infelix Hectore mortuo queritur 1017.
HELENA Helenam Paridi Venus deducit 317; — reposcit Menelaus 343
Helene ut Graecis reddatur, Hector suadet 638.
Cygneis Cygneidos membris Paris incubat 337.
HELENUS inter principes Trojanorum 235.
HERCULES Hercule **magno** Tlepolemus satus 523.
[**HESIONA** Hesionae nomen 626.
Hesione *ablativ.* de matre Telamo creatus 624.]
HESPERUS exoritur 868.
HIPPOLOCHUS Hippolochum ruentem ad bella Agamemno caedit 749-50.
HIPPOTHOUS bonus armis inter Trojanorum socios 244-5.
HODIUS dux magnanimus inter Trojanorum auxilia 242; — infelix ab Agamemnone sternitur 427
HOMERUS Homeri potentis metam cum nostro Calliope tenet 1066
HYPIRON Hypirona magnum invadit Diomedes 443.
HYPSENOR Hypsenora venientem Eurypylus caedit 434.

I

IALMENUS et Ascalaphus, uterque acer, triginta naves in Trojam agunt 187.
IDA Idae montibus umbrosis Juppiter considit 654.
IDAEUS Daretis filius.
— fratri, quem Diomedes vulneravit, non potest succurrere 421.
Idaeum cum fratre in agmine conspicit Diomedes 405.
IDAEUS Trojanorum praeco.
— Trojanorum mandata Agamemnoni perfert 641.
Idaeum castris excedere Agamemno jubet 643
IDOMENEUS Cretaeus cum Merione naves octoginta in Trojam ducit

208; — Phaestum caedit 429, — ferus, Hectore Graecorum principes provocante, procedit 580.
Idomenei dextra Asius cadit 774
Ductor Rhythicus magnanimus Alcathoum occidit 777.
IGNIPOTENS cf. Vulcanus
ILIACUS Iliaco pulvere cum Paridis crines Menelaus foedaret, Helena timebat 323.
Iliacos campos petere instructo milite 128; — *id.* 160.
Iliacas acies 655.
ILIADES ad templum Minervae subeunt 549.
— matres stant circum Hectoris corpus 1052.
ILION cf. Troja.
IMBRASIDES cf Pirous.
IPHIDAMAS Iphidamanta Agamemno occidit 750
IRIS Irin ad Priamum mittit Juppiter 223.
ITHACUS cf. Ulixes.

J

JOVIS *nominativ.* cf Juppiter.
JUNO offensa 98; — cum Minerva vires Achilli praebet 894; — longe provida Achillem, contra Xanthi fluctus pugnantem, tuetur 920.
JUPPITER
Juppiter Thetidi respondet 93; — tantummodo adsit (Menelaus loquitur) 286
Jovis *nominativ.* superos convocat in coetum 651.
Jovis *genitiv.* magni proles (Apollo) 10; — proles (Sarpedon) 248 et 520.
Genitor concilium dimittit 107
Pater *nominativ.* omnipotens Somnum vocat 113; — Saturnius Irim ad Priamum mittit 223.
vocativ optime (Hector precatur) 572
Regnator Olympi omnipotens concilium habet 345.
Tonans Tonantis mandata accipe (Somnus Agamemnonem adloquitur) 124.
Tonantem verbis incusat Juno irata 104

L

LACHESIS (in clipeo Achillis) 891
LAERTIUS cf. Ulixes.
LATIUS Latiis in arvis 900.
LATONA Latonae et Jovis proles 10
LEITUS acer bello, inter Graecorum duces 167.
LEONTEUS et Polypoetes naves in Trojano ducunt quadraginta 182.
LEUCUS ictus hasta quam in Ajacem Antiphus torquebat 369
LIBYCUS ut Libycus leo (Agamemno) 500.
LOCRI Locrum fortissimus Ajax 189.
LUCIFER 868.
LYCAON cf. Pandarus.

M

MACHAON inter Graecorum duces 218
MAEONIDES cf Phaestus.
MAGNES cf. Prothous.
MARS duro milite gaudet 264; — aureus in clipeo Achillis stabat 889.
Marti infesto cedunt Graeci 493
Martem tumidum increscere Diomedes videt 390; — pupugit Diomedes 560
Marte invito te perimet haec dextra (Patroclum, Achillis armis indutum, Hector adloq.) 822.
Mavors sonat undique 358, — bellipotens pugnat cum Pallade 532; — licet te protegat, morieris (Patroclum Hector adloq.) 824.
MARTIUS cf Hector.
MAVORS cf. Mars.
MAVORTIUS cf. Hector.
MEGES Dulichius inter Graecorum duces 201; — Pedaeum caedit 433
MENELAUS fulgens in armis contra Paridem consistit 283, — galeam Paridis abstrahit, in eundem ardens recurrit 312; — in toto agmine Paridem quaerit 339; — Adrastum capit 539.

Menelae, Pandarus te petit 347.
Menelai ardor sexaginta navibus Trojam petit 174; — armis concidit Pylaemenes 549; — duros ignes praeda quae mulceat 639.
Menelaum armatum cernit Paris 254.
Atrides impiger cum Paride in armis concurrat 268; — hastam Paridis devitat 290, — memor raptae conjugis instat 301, — violentus (Helena Paridem ad loq.) 322; — non me superavit (Helenam Paris adloq.) 332; — gemebundus, quoniam Pandari tela foedatus est, pugna excedit 349
Atridae saevo Idaeus mittitur 640.
Cum Atrida saevo quis tibi suasit contendere? (Paridi Helena adloq.) 327.
MENESTHEUS clara de gente, Athenaeus, naves quinquaginta ducit 210-1.
MERIONES et Idomeneus uterque Cretaeus, naves octoginta ducunt 208; — Pherechum caedit 432; — **notus paterna gente** in pugnam procedit cum aliis 580-4; — arcu vincit omnes in ludis funebribus 1043.
MESTHLES inter Trojanorum auxilia 244
MINERVA Minervae ad templum supplex Hecuba venit 551.
Pallas nominatic casta Achillem manu tenet ne in Agamemnonem gladio ille tendat 78; — bellica Diomedi in proelio adest 394; [— Tritonia ante oculos Hectoris subito videtur 936;] — ad Graecos numina sua transfert 950.
vocatur inclita ades (poeta, cur superacto, deam precatur) 1069.
Palladis castae ira Paridem superavit 333; ad innuptae — templum Trojanae mulieres subeunt 548.
Cum Pallade casta Mars pugnat 532.
cum casta — Juno vires Achilli praebet 894.
Tritonia Deiphobi vultu et armis indutis Hectorem decipit 947. Cf Pallas.
sancta virago Martem vulnerat 333.
Virgo armigera Virginis armigerae monita et numen 400, numen 515
MUSAE vocatie. 161.

INDEX NOMINUM ET RERUM

MYCENAEUS Mycenaeis moenibus Agamemnon ortus 171.

MYDON Antilochi armis concidit 520

MYRMIDONES Chrysae fletibus vincuntur filiamque reddi censent 23

Myrmidonum castra Thetis petit 84, — gloria Epistrophus 180

N

NASTES insignis, inter Trojanorum socios 241.

NEPTUNIUS Neptunia Troja 250.

NEPTUNUS Graecis animum et vires ministrat 772

NEREIDES Nereidas in clipeo Achillis Vulcanius fecerat 873 [et 863 *bis*]

NEREIUS Cf. Achilles.

NEREUS [Nerea in clipeo Achillis Vulcanius fecerat 864], — in eodem, **magnum** 871

NESTOR fidus sollerti pectore, consilioque potens navec cum filiis in Trojam ducit nonaginta 176-7

Nestoris prudentia aevo sollerti turbam sedat 144; — **aetas laudatur** 154; — aetas Diomedem et Ulixem, qui, Dolone trucidato, repetunt castra, excipit 737

NESTORIDES cf. Antilochus.

NIREUS cum tribus navibus Trojam petit 195.

O

OCEANUS Oceanum senem fecerat Vulcanius in Achillis clipeo 872; [— 864]

OENIDES cf. Diomedes.

OILEUS cf. Ajax, Oilei f.

OLYMPUS Olympi regnator (Juppiter) 345

Olympo emenso decedit sol 108, [— 107].

ORSILOCHUS Orsilochum Aeneas caedit 518

P

PAEONIUS Paeoniis herbis Podalirius Menelaum curat 351.

PALLAS cf. Minerva.

PANDARUS Lycaonis proles generosa inter Trojanorum auxilia 238-9, — arcu turbat foedera 346, — in agmine volitat 436.

Pandare, occidis Diomedis manu 449.

PAPHLAGONES Paphlagonum dux cf. Pylaemen.

PARIS *nominativ.* belli causa, patriae funesta ruina, arma, cum ceteris Trojanorum ducibus, capit 234; — Trojae exitium funestaque flamma, armatum Menelaum cernit 253, — una cum Hectore acies petit 576; — hostiles turmas prosternit 736.

vocativ. « mea flamma » (Helena adloq. 320

Paridi ultimus dies foret, ni Venus eum texisset 311; — Dardanio Venus Helenam deducit 318

Alexander pulcher, clipeo et hasta insignis contra Menelaum procedit 282, — tristis Helenae respondet 332

Alexandrum Menelaus quaerit 340.

Dardanius juvenis Dardanium juveneus Menelaus premit ense 302.

Dardanio cf. Paridi.

Phrygius in Phrygii cladem Menelaus hastam torquet 315.

Praedo Phrygius praedonis Phrygii corpus, ni ferrea lorica texisset, Menelai vulnerasset telum 292

Priameius heros pauca Hectori respondet 271.

(Adde huc quod Paridem Hector ita praedicat. « Dedecus. Aeternum patriae generisque infamia nostri » 257-8).

PATROCLUS Achillis armis munitus 806; — hastam Hectoris decipit 827.

Patrocli manes 991.

PEDAEUS Pedaeum Meges occidit 433

PELASGI cf. Grai.

PELEUS pro Priamo Achillem moveat (Hector, moriens, adloq.) 986.

PELIDES cf. Achilles

PELOPEIUS cf. Agamemno

[PELOPEA] cf. Grai.

PENELEUS cum ceteris Graecorum ducibus Trojam petit 167.
Penelei atrocis dextra Acamantem Antenoris filium sternit 789.
PERGAMA cf. Troja.
PHAESTUS Phaestum Maeoniden Idomeneus jerit 430.
PHEGEUS hastam in Diomedem emittit 40ɔ.
Phegea videt in agmine Diomedes 40ɔ.
PHERECLUS Phereclum Meriones occidit 132.
PHIDIPPUS et Antiphus, Thessalici juvenes, naves in Trojam ducunt triginta 193.
PHOEBEIUS Phoebeia templa 27.
PHOEBUS cf. Apollo.
PHORCUS inter Trojanorum principes 247.
PHRYGES cf. Trojani.
PHRYGIA Phrygiae unum decus (Hector) 661.
PHRYGIUS Phrygii 315, Phrygii praedonis 292, cf. Paris; Phrygiae gentis cf. Trojani.
PIERIDES Pieridum cohors 1067.
PIROUS < ense et virtute potens > inter auxilia Trojanorum 243, — Imbrasides Diorem, Amarynci filium, occidit 378.
PISANDER Pisandrum Agamemno caedit 749.
PODALIRIUS inter Graecorum duces 218; — Menelaum, a Pandaro vulneratum curat 351.
PODARCES fortis inter Graecorum duces 21ɔ.
POEAS Poeante satus (Philoctetes) 217.
POLITES Priami filius.
fortis inter Trojanorum principes 23ɔ.
POLYDAMAS Prothoenora occidit 786
POLYIDOS Eurydamantis filius.
Polyidon Diomedes interficit 445
POLYPOETES et Leonteus in Trojam viginti naves instruxerunt 182; — omnes vincit disco in ludis funebribus 1012
POLYXENUS clara virtute inter Graecorum duces 213.

PRIAMEIA cf. Trojani.
PRIAMEIUS cf. Hector, Paris.
PRIAMIDES cf. Hector.
PRIAMUS accitur ad foedera cum Graecis jungenda 278; — redit in castra, postquam Hectoris corpus Achilles reddidit. 1046.
Priami consilium expediam (loquitur Dolo) 726, — filius, 982, 983, cf. Hector.
Ad Priamum Juppiter Irin mittit 223; Priamum vicisti (de se cum Achille loq.) 1041.
Pro Priamo Peleus Achillem moveat (Hector loq.) 987, vide etiam *defessa senectus Afflicti miseranda patris* (Hectore amisso) 1020-1
PROMACHUS Promachum Boeotum vulnerat Acamas, Antenoris filius 788.
PROTESILAUS in Trojam naves agit quadraginta 213.
PROTEUS Protea non eundem semper (fecerat Vulcanius in clipeo Achillis) 872
PROTHOENOR Boeotus inter duces Graecorum 168-9.
Prothoenora occidit Polydamas 786.
PROTHOUS Magnes Tenthredone natus inter Graecorum duces 199.
PYLAEMEN < Pylaemenis animi 213 *bis* >.
Paphlagonum ductor a Menelao occiditur 519.
PYLAEUS inter Trojanorum principes 240.
PYRAECHMES clarus aetate inter Trojanorum socios 213.
PYRRHUS pro Hectore Achillem moveat 987.

R

RHESUS Rhesi tentoria occupant ipsumque trucidant Ulixes et Diomedes 729
RHODIUS cf Tlepolemus
RHYTHIEUS cf. Idomeneus.

S

SALAMINIUS cf. Ajax Telam. f.
SARPEDON Jovis proles inclita, inter Trojanorum socios 248-9, — Jovis

INDEX NOMINUM ET RERUM

proles inclita pugnat 520-1; — saucius egreditur certamine 527.
Sarpedona Patroclus occidit 811.
SATURNIUS cf. Juppiter.
SCHEDIUS virtute potens, saevi robur belli, inter Graecorum duces 179.
STHENELUS inter Graecorum duces 184.
STROPHIUS e Strophio genitum (silicet Scamandrium) Idomeneus caedit 431.
STYGIUS ad Stygias undas 431.
SUME ab Sume 195.

T

TARTARA ad Tartara Echemona Diomedes mittit 448.
TELAMO Telamone cf. Ajax Telam. filius.
TELAMONIUS cf. ibid.
TENTHREDO Tenthredone cf Prothous
TEUCER stans sub Ajacis scuto Trojanos agit 670-1.
TEUCRI *nomen populi* cf Trojani.
THALPIUS Elide natus inter Graecorum duces 212.
THALYSIADES (Echepolus) ab Antilocho occiditur 360-1.
THERSITES, quo non deformior alter linguave protervior, negat bella ultra gerenda esse 136-7.
THESSALICUS Thessalici (*nom. plur.*) cf. Antiphus, Phidippus
THESTORIDES cf. Calchas.
THETIDEIUS cf. Achilles.
THETIS Achillis audit preces 83 Thetidi Vulcanus arma donat 860.
Thetin fortia arma Achilles rogat 855.
Doride nata tantum valet (Juno Jovem adloq.) 99.
Adde huc quod verbis « magni diva maris » Juppiter, Thetidem adloquens, utitur 94.
THOAS, animis et armis insignis, de gente **Aetola Andraemone natus** inter Graecorum duces 201-2; — magno Andraemone natus cum aliis Graecorum ducibus procedit 583.

Thoantis dextra Piroum librata hasta petit 380.
THOON Phaenopis filius.
Thoonem **vastum** Diomedes occidit 446.
THRAX *adjectiv.* Thracas equos 734.
TITAN cum undis se emerserit 126; — radiis nitidum caput undis extulit 158; — cum, fessus, igniferos currus in undas coeperat immergere 616-7; — ut radiis nitidum orbem patefecerat 650.
Titana cum dies extulerit 118.
TLEPOLEMUS Rhodius naves in Trojam ducit novem 196; — satus magno Hercule, a Sarpedone occiditur 523.
TONANS cf. Juppiter.
TRITONES Tritones feros fecerat Vulcanius in clipeo 874.
TRITONIA cf Minerva.
TROES cf. Trojani.
TROICUS Troica dextera (Hectoris manus) 819; ad Troica castra 644-5.
TROIUS cf Hector; Troia pubes cf Trojani.
TROJA Neptunia his ducibus (quos noster jam enumeravit) se defendit 250; — maxima currum Achillis Doloni promiserat 749; — quid pararet 727; — Hectore amisso, planctu sonat 1016.
Trojae exitium (Paris) 253; flammas — suasque gremio Helena accipit (scilicet Paridem) 338.
Trojani nemo venerat deformior quam Thersites 137; — Latiis in arvis reparatam 900.
Ilion dies quo caderet 103; — flamma qua Hectoris corpus, ardebat 1036.
Pergama ad — quot Graecorum dux quisque naves egit 164.
TROJANI Trojanis crescit virtus 387.
Trojana juventus cedit 542; — Graecos urguet 770.
Trojana manus concurrit 782.
Dardana pubes ad Xanthum confugit 905; — te solum tremit (Achillem Priamus adloq.) 1029-30
Dardanidae Dardanidum duces 743.

Phryges fugiunt 401, — acrius instant 493; — in coetum veniunt 636, — Graecos, aggere inclusos obsidunt 682; — castrorum hostium aditus irrumpunt 762; — taedas ardentes jactant 803; — amissum flent Hectorem 1015

Phrygum populus 268, — spes una Hector 486; — turmas proturbat Agamemno 303; fata dura Graecorumque casus Juppiter expendit 657; — omnis causa in uno Hectore ruit 1020.

Phrygas pulsos Agamemno ore increpat 312; — Teucer, stans sub Ajacis scuto, agit 670

Phrygia gens Phrygiae gentis totam rem expediam (loq. Dolo) 726-7; — tutator Apollo 911

Phrygiae catervae Phrygias catervas Achilles ingenti caede agit 923

Priameia pubes cadit 789, — laetitia exsultat 837

Teucri funduntur 508

In Teucros Agamemno furit 424; Teucros cuspide Achilles agit 903

Troes incumbunt, Graeci fugiunt 758 — acta testudine subeunt 767, — acrius assurgunt 790; — dubitant formidine 928; — funera sua maerent 978; — vulnera sua plangunt 1002.

Troum vires velis renovare in proelia (Jovem Juno adloq) 102; — ab agmine Paris procedit 281; — in agmine Paridem Menelaus quaerit 339; — catervae cadunt 357; — corpora Diomedem sternentem Pandarus videt 438, — terror Achilles 585, — Danaumque catervae discedunt 631; — mandata Idaeus Agamemnoni perfert 641, — fiducia quae sit 701, — agmina gemuerunt 963.

Troas terret Patroclus, Achillis armis munitus, 807.

Troia pubes Dolonem, ut Graecorum vires ille perspiceret, miserat 704.

TROJANUS cf. Trojani, Apollo; salus Trojana 931; ad Trojana litora 220

TROS cf. Dolon

TYDEUS (Diomedis) ensis 453

TYDIDES cf. Diomedes.

L

ULIXES cunctis notus Chryseida ad patriam revehit 6); — consiliis illustris Thersitem sceptro percutit 139; fraudis commentor Trojanos septem juvenes occidit 527, — fraudis commentor, Hectore duces Graecorum provocante armis, cum aliis procedit 579; — Dolonem adspicit 707.

Ulixem socium sibi delegit Diomedes 699.

Itachus Ithaci sollertia naves duodecim in Trojam ducit 204

Laertius Ajacem luctando in ludis funebribus vincit 1010

V

VENUS Paridem Menelao eripit 315, — Aeneam Diomedi 464, — et Apollo Xanthi fluctus in Graecos attollunt 911

Veneris proles Aeneas 236 et 483, — dextram Diomedes vulnerat 339, — manum idem violavit 584

In Venerem armis Diomedes irruit 467.

Cytherea Paridem, cum Menelao pugnantem, tegit caligine 309; — aderit meo labori (Paris loq.) 333; — icta Diomedis hasta petit caelum 470.

VULCANIUS Vulcania arma 830, 961.

VULCANUS Vulcani auxilium Thetis orat 856.

Ignipotens in clipeo mundum caelaverat 862

Ignipotente interposito, Junonis et Jovis certamen residit 106.

Mulciber Aetnaeos ignes excitat 808.

X

XANTHUS Phaenopis filius.
Xanthum notum bello Diomedes interficit 446.

XANTHUS *fluvius*
Xanthi fluctu Hectorem vulneratum Trojani lavant 783; ad — fluctus fugiunt Trojani 906; — fluctus in Graecos Apollo et Venus attollunt 912.

SUMMA

DE ITALICI ILIADE LATINA

Prooemium I

PARS PRIMA

Caput I. — Quo nomine noster fuerit........................... V
Caput II. — Quo tempore Epitomam scripserit................... VII
Caput III. — Num Silius Italicus?............................. XV

PARS II

Caput I. — De illis qui apud Romanos usque ad Nostrum Homeri carmina latine reddiderunt................................. XIX
Caput II — Qua ratione, quo ingenio, quo consilio scripta sit Ilias Latina... XXX

PARS III

Caput I. — De libris manu scriptis et impressis............... XLI
Caput II — De Pindaro falso nomine............................ XLVIII

SUMMA

ITALICI ILIAS LATINA

Liber primus		3
—	II	10
—	III	20
—	IV	26
—	V	30
—	VI	40
—	VII	43
—	VIII	49
—	IX	52
—	X	53
—	XI	56
—	XII	58
—	XIII	59
—	XIV	60
—	XV	61
—	XVI	63
—	XVII	66
—	XVIII	67
—	XIX-XX	71
—	XXI	73
—	XXII	75
—	XXIII	80
—	XXIV	82
Index nominum et rerum		87

Coulommiers — Typog. P. BRODARD et GALLOIS

Lightning Source UK Ltd.
Milton Keynes UK
UKHW022107080223
416681UK00011B/2790